从零开始学
营改增

增值税实务指引+行业应用+案例分析

潘晓／编著

人 民 邮 电 出 版 社
北 京

图书在版编目（CIP）数据

从零开始学营改增 ：增值税实务指引+行业应用+案例分析 / 潘晓编著. -- 北京 ：人民邮电出版社, 2017.6

ISBN 978-7-115-45352-5

Ⅰ. ①从… Ⅱ. ①潘… Ⅲ. ①增值税－税收管理－研究－中国 Ⅳ. ①F812.424

中国版本图书馆CIP数据核字(2017)第085980号

内容提要

为帮助读者迅速、全面地掌握本次营改增的内容，本书充分考虑了小微企业、创业企业人员的实际需求和接受能力，在语言上力求做到深入浅出，在内容上尽量只选“干货”，帮助读者破除由于对营改增的陌生而产生的恐惧感，破解营改增会计处理、纳税申报等难题，最终走向以纳税筹划为指导的全面企业管理，让读者以最少的时间、最少的精力取得最理想的效果。本书内容均是作者多年财税工作经验的总结，从理解财税原理到掌握会计处理和纳税申报，帮助读者真正学会实际的财税处理操作；本书的案例完全根据企业的真实业务设计，从处理日常涉税事项到进行纳税筹划、涉税风险提醒，以点带面，帮助企业避免踏入“雷区”，从而提升自身和企业的财税水平。

本书既可作为小微企业、创业企业老板的财税指南，也可作为营改增企业财务从业人员的实务手册。

◆ 编　　著　潘　晓

责任编辑　恭竟平

责任印制　周昇亮

◆ 人民邮电出版社出版发行　　北京市丰台区成寿寺路 11 号

邮编　100164　　电子邮件　315@ptpress.com.cn

网址　http://www.ptpress.com.cn

北京隆昌伟业印刷有限公司印刷

◆ 开本：700×1000　1/16

印张：13.75　　2017 年 6 月第 1 版

字数：224 千字　　2017 年 6 月北京第 1 次印刷

定价：39.80 元

读者服务热线：(010)81055296　印装质量热线：(010)81055316

反盗版热线：(010)81055315

广告经营许可证：京东工商广登字 20170147 号

前言

自2016年5月1日起，全国范围内开始全面推开营改增试点，建筑业、房地产业、金融业、生活服务业等全部营业税纳税人，由缴纳营业税改为缴纳增值税，这标志着营业税将全面退出中国的历史舞台，增值税作为第一大税种的地位进一步得到了巩固。随着《关于全面推开营业税改征增值税试点的通知》（财税〔2016〕36号）和相关配套文件的密集发布，不少营改增企业从业人员深感对相关规定一知半解，处理涉税事项力不从心，非常渴望提升自己的知识面却不知从何下手。而且有的财税人员反映，不少图书理论有余而实务操作不足，对实际工作帮助不大。

为了帮助广大读者深入理解营改增的相关政策文件，掌握实际业务处理方法，笔者编写了本书。并在本书编写过程中，尽力体现以下特色。

本书特色

1．政策及时全面，案例真实丰富

本书涉及的营改增相关税收政策截至2016年10月31日，对营改增企业主要纳税事项都根据最新政策进行了详细的讲解。本书放弃对相关文件进行“堆砌式”介绍的方式，而是遵循企业日常财税活动的脉络，将相关政策融入具体的业务操作之中，便于读者阅读、理解和应用。

本书中的每个案例都来源于实际工作，均是纳税人普遍关注的疑难热点，每项业务均设计了极具实战性和操作性的典型案例，以提升读者的税务实际操作水平。

2．直击行业难题，巧妙规避风险

本书充分考虑到营改增不同行业的不同特点，单独开辟一章，采取分行业解读的方式，有针对性地予以介绍。特别是针对不同行业的特点提出具体的注意事项、税收优惠措施和纳税筹划建议，帮助不同行业的读者迅速掌握本行业的营改增要点，在正确处理涉税事项的基础上，尽可能达到税负“只减不增”的目标。

在政策的解读分析之外，本书结合笔者多年的增值税管理经验和增值税专用发票的真实案例，对企业涉税风险高发的环节进行提醒，并提出相应的企业内控措施与方法，避免企业无意中违反法律。

3．解析优惠政策，进行合法筹划

本书对本次营改增优惠政策进行汇总归纳，尤其对不分行业的通用优惠政策进行重点解析，并列举真实案例进行剖析，帮助企业掌握纳税筹划的思路和方法，提高财税应用水平。

本书内容及体系结构

本书内容分为五大部分：

第1编“三分钟看懂营改增”包括第1章和第2章，主要讲述营改增的基本概念。

第1章 营改增是什么

从营改增是怎么回事入手，讲解营改增的发展历程，以及对普通人带来的影响。

第2章 快速了解营改增的增值税

从营改增的增值税和原增值税的异同入手，介绍增值税的征税范围、税率和征收率、纳税人身份、计税方法、申报纳税时间和地点等内容。

第2编“三分钟学会营改增会计”包括第3章和第4章，主要讲述会计的基本原理和营改增会计处理方式，让读者真正学会会计处理。

第3章 创业老板该三分钟看懂会计

本章针对创业企业老板对会计知识的诉求，简要介绍了会计的基本原理，帮助读者掌握基本的会计思维和处理方式，为营改增会计处理做好知识储备。

第4章 营改增会计该怎么做账

本章根据不同纳税人身份，分别按照小规模纳税人和一般纳税人的身份，对营改增业务会计处理方式进行介绍，列举了生产经营中可能会遇到的营改增实际业务情况，并做出相应的会计处理。

第3编“手把手从零开始学办税”包括第5章和第6章，主要介绍需要办理何种涉税业务，以及相应的业务办理流程与需要提供的资料。

第5章 增值税办税基本流程

本章介绍自企业工商登记开始，需要办理的涉税事项以及通用的办税流程。

第6章 一般纳税人办税流程

本章介绍一般纳税人的涉税业务的办理流程。

第 4 编“进阶成为高手”包括第 7 章和第 8 章，主要分行业介绍相应的营改增策略，介绍不分行业的税收优惠政策。

第 7 章 营改增分行业攻略

本章介绍了交通运输、建筑、文化创意、经纪代理、人力资源、物业管理、旅游、餐饮、住宿行业的营改增政策与案例。

第 8 章 优惠政策攻略

本章系统介绍了营改增税收优惠政策，并列举实际案例进行优惠政策实操。

第 5 编“案例实操”包括第 9 章至第 11 章，主要分行业介绍相应的营改增策略，介绍不分行业的税收优惠政策。

第 9 章 营改增纳税筹划实战

本章选取了小规模纳税人与一般纳税人身份选择的筹划、供应商选择的纳税筹划、兼有不同税率经营的纳税筹划、差额征税的纳税筹划、建筑企业“甲供材”纳税筹划、放弃免税权的纳税筹划等 7 种常见的营改增纳税筹划类型，帮助读者掌握纳税筹划的思路。

第 10 章 营改增“避坑”指南

本章介绍了实务工作中比较常见的财税处理错误与风险，并提出相应的应对措施。

第 11 章 跟上营改增的变化

本章介绍了持续了解营改增政策的方法，遇到涉税争议的处理方式和自身权益保护方法。

本书读者对象

- 创业企业老板
- 小微企业老板
- 营改增企业财会人员
- 与营改增企业相关的原增值税企业
- 其他对营改增感兴趣的各类人员

在写作过程中，本书严格按照最新税收政策进行编写，力求做到精益求精，但是限于笔者水平和成书时间，书中难免存有疏漏和不当之处，恳请广大读者给予批评指正！本书的建议和案例仅供帮助读者理解方法和提供思路，切忌生搬硬套，实际工作中须特别关注政策的变化，注意与主管税务机关进行及时有效的沟通。

第1编 三分钟看懂营改增

第 1 章 营改增是什么

第 2 章 快速了解营改增的增值税

第3编 手把手从零开始学办税

第5章 增值税办税基本流程

第4编 进阶成为高手

第7章 营改增分行业攻略

第5编 案例实操

第9章 营改增纳税筹划实战

第 1 编

三分钟看懂营改增

01

第1章

营改增是什么

近年来，我们在报纸、电视、网络等各种媒体上频频看到营改增的宣传报道，尤其是在 2016 年 3 月 18 日，由国务院总理李克强主持召开的国务院常务会议，决定于 5 月 1 日全面推开营改增试点。甚至有不少人认为，这是自 1994 年分税制改革以来最深入的一次财税改革。那么营改增究竟是怎么回事，营改增对普通人有什么影响，对社会各行各业又有什么影响？下面笔者将逐步进行解答。

1.1 营改增是怎么回事

营改增是“营业税改征增值税”的简称，简单来说，就是以前缴纳“营业税”的应税项目，现在改成缴纳增值税。营改增带来的最直观的变化就是，以前需要到地税局办理的事情，现在需要到国税局办理（注：销售取得的不动产和其他个人出租不动产的增值税，由国税局委托地税局代为征收，因此这两项业务仍需要到地税局办理）；以前由地税局管理的涉税事项，现在由国税局管理。这是因为，在以前，对于税收征管来说，营业税属于地税局管理，增值税属于国税局管理（注：进口环节的增值税属于海关管理）。

1.1.1 什么是营业税与增值税

要想了解营改增，首先要明白什么是营业税，什么是增值税。

营业税和增值税，是我国的两大主体税种，在征税范围上，增值税与营业税是相互排斥的，即对于一种货物或劳务，征收增值税就不征收营业税，征收营业税就不征收增值税，营业税和增值税不会同时征收。但是，对于具体的一项业务是要征收增值税，还是征收营业税，税法有明确规定，是不可以选择的。

那么，在营改增之前，哪些行为要交营业税，哪些行为要交增值税呢?

在营改增之前，增值税的征税范围总体上分为 3 类：销售货物，进口货物，加工、修理修配劳务。除增值税征税范围以外的都属于营业税的征税范围，总体上也分为 3 类：应税劳务（除加工、修理修配劳务外）、转让无形资产、销售不动产。

例如，消费者在商场买衣服，对于商场来说，卖衣服是“销售货物”的行为，属于增值税的征税范围，商场需要交增值税，接受国税局的管理，消费者拿到的就是国税局监制的发票；消费者在饭店吃饭，对于饭店来说，提供“餐饮服务”的行为，属于营业税的征税范围，饭店需要交营业税，接受地税局的管理，消费者拿到的就是地税局监制的发票；对于个人卖二手房，是“销售不动产”的行为，属于营业税征税范围，个人需要交营业税，到地税局开具发票。

1.1.2 增值税与营业税的本质区别

从原理上来说，增值税与营业税有本质上的区别。简单来说，增值税是对“增值额”征税，营业税是对“营业额”征税。（注：营业税也有“差额征税”的项目，但仍是对营业额征税。）

营业税的计算方法较为简单，营业额乘以税率即为需要缴纳的营业税。

例如，饭店提供餐饮服务，适用 5% 的营业税税率，如果取得了 200 元的收入，就要对 200 元的营业额进行征税，那么饭店需要缴纳的营业税为：200 元 ×5%=10 元。

增值税的原理是对“增值额”征税，但计算方法较为复杂，采用“抵扣”机制，即通过“增值税专用发票——进项联次”来抵扣税款，而非直接计算“增值额”。计算增值税的税款时，先用销售额乘以税率计算出“销项税额”，再凭上游企业开具的增值税专用发票，到国税局认证后作为“进项税额”来抵扣税款，最后用销项税额减去进项税额，其差额即为需缴纳的增值税。

例如，对于增值税的原理来说，商场的一件衣服卖 200 元（不含税价格），衣服的进价是 180 元（不含税价格），就只对增值的 20 元（200 － 180=20）征税。对于实务操作来说，商场卖出衣服时，以 200 元的销售额计算出“销项税额”，即 200 元 ×17%=34 元（假设商场为“增值税一般纳税人”，适用 17% 税率），而商场进货时取得的服装厂开具的增值税专用发票的票面显示增值税“进项税额”为 30.6 元（假设服装厂为增值税一般纳税人，“进项税额”为 180 元 ×17%=30.6 元），那么商场实际缴税为 34 元－ 30.6 元 =3.4 元。

通过上述例子可以看出，增值税的设计更加严谨、科学，增值额低的缴税少，增值额高的缴税多，税负公平了，且有效消除了各个流通环节的重复征税问题，更加有利于产业分工，促进产业升级。同时，由于“环环抵扣”的制度设计，税收的管理也更加规范，更容易堵塞偷税漏税的行为。

1.1.3 抵扣制度是增值税最大的特点

增值税税款抵扣制度，是增值税的最大特点。由上述例子可以看出，增值税增值额的计算，并不是按照增值税原理，先计算出增值金额，再用增值金额乘以税率来计算应缴纳增值税。

而是按照抵扣制度来进行管理的：先按照销售额来计算“销项税额”，再按照购买时供应商开具的增值税专用发票上标明的进项税额作为“进项税额”，那么销项税额与进项税额的差额，即为企业需要缴纳的增值税额。也可以理解为，增值税是需要“凭票抵扣”的。

（注：对于特定行业，还存在农产品计算抵扣以及农产品核定扣除的抵扣方法，营改增企业中的餐饮业有可能会涉及该政策。）

商业企业的模型较为简单，我们比较容易理解增值额的概念，但是，对于实务工作，将不得不面临许多实际的问题。

例如，工业企业中的机器设备是否应当作为产品增值额的一部分？机器设备的使用寿命都比较长，如果应当作为增值额的一部分，是一次性进行扣除，还是按照使用寿命来分摊扣除？再比如，营改增之后，不动产纳入了增值税范畴，而不动产的金额、税额都是非常巨大的，不动产能否抵扣进项税？上述疑问本书将逐步介绍。

【扩展阅读】什么是消费型增值税

我们从各种新闻报道中经常会看到这样的说法：营改增是我国从生产型增值税向消费型增值税转变。那么什么是生产型增值税，什么又是消费型增值税呢？

增值税按照可抵扣的范围分为 3 类：生产型增值税、收入型增值税、消费型增值税。

生产型增值税是指只允许从当期销项税额中扣除原材料等劳动对象的已纳税款，不允许扣除固定资产所含税款的增值税。

收入型增值税除允许从当期销项税额中扣除原材料等劳动对象的已纳税款，还允许扣除固定资产折旧部分所含税金。

消费型增值税则除允许从当期销项税额中扣除原材料等劳动对象的已纳税款之外，对纳税人购入固定资产的已纳税款，允许一次性从当期销项税额中全部扣除。

可以看出，三者的差别主要集中在对固定资产的抵扣方面：生产型增值税完全不允许抵扣，纳税人负担较重；收入型增值税分期抵扣，最为合理；消费型增值税一次性抵扣，纳税人负担较轻。

从我国的增值税改革来看，一直在从生产型向消费型转变：2009 年实现了固定资产抵扣；而营改增的完成，将不动产纳入抵扣范围，则实现了完整的消费型增值税税制转型。

1.1.4 除了税率，增值税还有个“征收率”

由于增值税采取抵扣税款的方法进行计税，对企业的财务核算能力和内控管理要求较高。然而，并非所有的企业都具备这样的会计能力，因此，也并非所有的纳税人都能抵扣增值税税款。我国对增值税纳税人实行的是纳税人身份管理，即将纳税人分为“小规模纳税人”和“一般纳税人”，只有具备了一般纳税人的资格，才能抵扣税款。（小规模纳税人与一般纳税人的介绍，详见第 2 章）

对于小规模纳税人来说，不能抵扣税款（注：一般纳税人也存在适用征收率的特殊情况，详见第 6 章），需要对销售额全额征税，如果在统一适用税率的情况下，小规模纳税人的税负就会畸高，因此，小规模纳税人采用的是较低的“征收率”来计算应纳税额。原营业税税率有 3%、5%，最高为 20%，而增值税的征收率，一般经营者适用 3% 的征收率（涉及不动产、房地产的销售与租赁的征收率为 5%），对于服务业、娱乐业的小规模纳税人来说也是利好消息。小规模纳税人应纳增值税的计算公式为：

应纳税额 = 不含税销售额 × 征收率

这与原营业税相比，形式上较为相似，小规模纳税人应纳营业税的计算公式为：

应纳税额 = 营业额 × 税率

通过公式的对比可以看出：虽然计算公式的结构类似，但内容完全不同。除了“税率”和“征收率”的不同外，“不含税销售额”和“营业额”所代表的内涵也完全不同，其中涉及增值税是“价外税”，营业税是“价内税”的税制原理。

1.1.5 价内税 VS 价外税

从税制设计上来看，营业税是“价内税”，即价格中已经包含税款，一般情况下，营业税的营业额即为商家收取的金额；而增值税是“价外税”，价格中不包括税款，即价税分离。而在现实生活中，很多企业为了经营方便，会采用销售额和应纳税额合并定价的方法，即“价税合计”。例如，消费者购物时，一般商家会以收取的金额作为“价格”进行标价，而不是分开显示价格和税款，商家标注的“价格”，在增值税税法上来说，实际上是“价税合计金额”，其中已经包含了增值税）。真正的销售额需要按照下列公式进行换算，再用换算之后的销售额来计算税款：

销售额 = 含税销售额 ÷（1 + 税率或者征收率）

在“价格”不变的情况下，营改增的好处是显而易见的：同样的价格，税款由价内税变为价外税，通过换算成不含税销售额，计税的基数变小了，企业的税负就会略有下降。

1.2 营改增给老百姓生活带来的新变化

本次全面推开营改增涉及我们在日常生活中接触最多的服务业，而这也将会给普通百姓的衣食住行带来巨大的变化，例如，二手房交易会因计税方法的不同而为消费者节省一些税负。

1.2.1 发票“地税”改“国税”

通俗来讲，营改增之后，纳税人不再开具地税的营业税发票，而是开具国税的增值税发票，发票上的监制章由各省市地方税务局变为国家税务局，这可能是我们普通百姓眼中营改增最直接的变化了。

1.2.2 发票票面“价”“税”分离

与营业税不同，增值税为“价外税”，如果消费者拿到的是“增值税普通发票”，就会发现，发票上的“金额”和“税额”会分开显示，两者合计则是消费者的实际消费金额。

1.2.3 二手房交易保持不变，税负略有降低

营改增后，个人二手房交易保持了“三个不变”。

第一个不变，是维持 5% 的税率不变。由于增值税是价外税，实际成交价格中包含了增值税税款，在计算税款时需要扣除，所以在税率保持不变的情况下，对于消费者而言，实际税负却减少了。

比如，一套价格为 100 万元的房子，过去征收 5% 的营业税，计税公式为 100 万元 ×5%=5 万元，缴纳营业税 50 000 元；营改增后，计税公式变为 100 万元 ÷（1+5%）×5%=4.76 万元，缴纳增值税 47 600 元，与缴营业税时相比，少交税 2 400 元。

而与二手房交易相关的契税、房产税、土地增值税、个人所得税的计税价格和收入也均为“裸价”，即不含增值税的价格和收入，这相当于为老百姓带来了最直接的福利。（参见《关于营改增后契税、房产税、土地增值税、个人所得税计税依据问题的通知》）

第二个不变，是缴税地点保持在地税不变。由于个人二手房交易涉及群体众多，营改增后个人二手房交易仍然委托地税部门代征、代开发票，这点保持不变。原来怎么申报现在还怎么申报，原来填什么表、在哪个地方办，现在维持不变。

第三个不变，是优惠政策不变。将过去二手房营业税的征税政策和免税政策平移过来的同时，对个人住房转让实施差别政策，例如，对北上广深个人将购买 2 年以上（含 2 年）的普通住房对外销售的，免征增值税（见图 1-1）。（参见《关于全面推开营业税改征增值税试点的通知》）

个人住房转让增值税政策

北京、上海、广州、深圳四个城市		
	普通住宅	非普通住宅
证不满2年	5%	5%
证满2年	免税	按差额的5%计算

其他城市	
	不区分住宅类型
证不满2年	5%
证满2年	免税

图 1-1 个人转让住房营改增政策

1.2.4 个人出租住房，优惠更多了

个人出租住房月入 3 万元以下，免增值税！根据《关于加快培育和发展住房租赁市场的若干意见》，对于个人出租住房的，由按照 5% 的征收率，减至按 1.5% 计算缴纳增值税；对于个人出租住房月收入不超过 3 万元的，到 2017 年年底之前，可按规定享受免征增值税的优惠政策。

1.3 营改增带来发票报销大不同

所有餐饮、住宿等地税发票将全部改为国税增值税发票，在公务出差、差旅费报销以及日常消费索要发票方面将会有一定的变化，同时也有一些需要注意的事项。此外，增值税发票的种类与营业税发票相比，可以说是大有不同：除了传统定额发票和机打发票外，还有“增值税专用发票”和“增值税普通发票”，这些发票又有什么区别呢？

1.3.1 增值税发票“专用”和“普通”大有不同

由于增值税实行“抵扣”制度，纳税人要想抵扣税款，就必须要取得对方开具的“增值税专用发票”。

这也是营改增之后，很多公司要求员工报销发票时必须要取得增值税专用发票的原因。

想取得增值税专用发票，开票方必须是“一般纳税人”，且通过税控系统才能开具。其他人想开具专用发票，只能到主管国税机关“代开”发票，这也是唯一合法的“代开”。

索取增值税专用发票只需要提供 4 项信息。根据《国家税务总局关于进一步优化营改增纳税服务工作的通知》，增值税纳税人购买货物、劳务、服务、无形资产或不动产，索取增值税专用发票时，须向销售方提供购买方名称（不得为自然人）、纳税人识别号、地址电话、开户行及账号信息，不需要提供营业执照、税务登记证、组织机构代码证、开户许可证、增值税一般纳税人登记表等相关证件或其他证明材料。个人消费者购买货物、劳务、服务、无形资产或不动产，索取增值税普通发票时，不需要向销售方提供纳税人识别号、地址电话、开户行及账号信息，也不需要提供相关证件或其他证明材料。

1.3.2 车票、机票、餐票、住宿票都能抵税吗

在《财政部国家税务总局关于全面推开营业税改征增值税试点的通知》中，明确了购进的旅客运输服务、贷款服务、餐饮服务、居民日常服务和娱乐服务，属于不得从销项税额中抵扣的项目，因此，机票、车票、餐饮发票不能抵扣税款；

住宿费不属于不能抵扣的项目，因此，住宿费只要增值税专用发票就可以抵扣。

1.3.3 增值税普通发票 / 增值税电子普通发票

相对于增值税专用发票的就是增值税普通发票。增值税普通发票也是由税控系统开具，但是不能抵扣税款。一般纳税人和小规模纳税人都可以开具增值税普通发票。

增值税电子普通发票是增值税普通发票的一种形式，目前正在推广过程中，它也是通过增值税电子发票系统开具的，只是不再统一印制纸质发票了，只提供电子数据。如果需要纸质发票的，可以自行打印，其法律效力、基本用途、基本使用规定等与税务机关监制的增值税普通发票相同。

1.3.4 其他还有什么发票

除了增值税专用发票和增值税普通发票以外，在实务工作中比较常见的还有通用机打发票。通用机打发票的使用方法与在原地税部门使用的机打发票类似，但是需要通过国税局的开票系统开具发票。通用机打发票主要适用于未达起征点的纳税人，以及 3 万元以下免税的小微企业。目前通用机打发票正在逐步被增值税普通发票和增值税电子普通发票所取代。

此外，门票、过路（过桥）费发票、定额发票、客运发票和二手车销售统一发票继续保留使用。

1.4 国家为什么要营改增

营改增对企业、个人都带来了巨大的影响，而营业税的计税方法单一简便，从国家的层面来讲，为什么要大费周章地推行营改增呢？与简单的营业税相比，增值税又有哪些优势呢？

1.4.1 消除重复征税，带动产业升级

从理论上来讲，一项商品在从其源头到最终销售的过程中，生产、流通环节链条越长，营业税交的次数就越多。从国家层面考虑，营业税的重复征税、

不能抵扣、不能退税的弊端阻碍了社会分工的细化，阻碍了产业升级。营改增之后，增值税通过“道道征税，层层抵扣”，消除了重复征税的弊端，从而实现了深化产业分工、降低产业税负。

第三产业规模越大、层次越高，其所要求的产业分工就越细，所形成的产业链条就越长。因此，营改增对第三产业发展的积极效应尤为直接和显著。而研发服务、商贸物流和融资租赁等现代服务业的发展壮大，更能促进产业整体质量的提升。

营改增对于企业本身来讲，也是一个利好消息。来自财政部、国家税务总局的数据显示，2012 年，试点地区共为企业直接减税 426.3 亿元，整体减税面超过 90%。其中，对以中小企业为主体的小规模纳税人的减税力度更大，平均减税幅度达到了 40%。

营改增后，服务企业承受的税负下降了，这将引导更多的资金、人才流入服务行业，从而创造更多的就业岗位，为普通百姓提供更多的就业机会；同时，资金、人才的流入会引发服务行业更激烈的竞争，进而为普通百姓提供更质优价廉的服务。

营改增还担负着供给侧结构性改革的重要任务。随着营改增全面试点的推开，新增不动产进项税额列入抵扣范围，重复征税问题得到全面解决，这也标志着我国由生产型增值税向消费型增值税转型的完成。新增不动产进项税额抵扣带来的减税幅度巨大，而减税正是供给侧结构性改革的重要内容。

1.4.2 营改增是起点，而非终点

营改增被认为是我国税制改革的起点，是我国深化财税体制改革的“重头戏”。

随着营改增的全面推开，营业税完全退出了历史舞台，增值税流转、抵扣链条逐步完整，增值税的立法问题不断被提及，备受关注。我国现行增值税的征收依据是国务院于 1993 年发布、2008 年 11 月 5 日修订的《增值税暂行条例》。

尽管中国增值税税制已与国际主流全面接轨，但还有诸多有待推进的改革内容。财政部也表示：现行增值税制度还存在税率档次多、抵扣项目不完整、大量临时过渡措施等问题，与规范的消费型增值税制度相比还存在一些差距。

“在所有行业全面推开营改增后之所以还叫‘试点’，是因为中国的增值

税制度还将作进一步完善。”国家税务总局局长王军表示，自2017年起，将积极推进增值税立法等准备工作，从而形成国内完善、国际先进的中国增值税制度，为国际同行推进增值税改革和其他税制改革提供借鉴及更多经验。

国务院也已将增值税立法列为研究项目。因此，营改增是全新的起点：启动增值税立法，并在这一过程中继续完善增值税制度，最终通过立法巩固改革成果，确立比较规范的消费型增值税制度。

1.4.3 我国的营改增是如何走到今天的

营改增在我国的推开，大致经历了如图1-2所示的3个阶段。

第一阶段，部分行业、部分地区试点。

2012年1月1日，首先在上海的“1+6”个行业进行试点，其中“1”为交通运输业（包括陆路、水路、航空、管道运输在内），“6”指研发、信息技术、文化创意、物流辅助、有形动产租赁、鉴证咨询6个现代服务行业。

2012年9月1日，交通运输业和部分现代服务业营改增试点由上海市分4批次扩大至北京市、江苏省、安徽省、福建省（含厦门市）、广东省（含深圳市）、天津市、浙江省（含宁波市）、湖北省8省（直辖市）。

第二阶段，部分行业、全国试点。

2013年8月1日，交通运输业和部分现代服务业营改增试点推向全国，同时将广播影视服务纳入试点范围。

2014年1月1日，铁路运输业和邮政业在全国范围实施营改增试点。

2014年6月1日，电信业在全国范围实施营改增试点。

至此，营改增覆盖了交通运输业、邮政业、电信业3个大类行业和研发技术、信息技术、文化创意、物流辅助、有形动产租赁、鉴证咨询、广播影视7个现代服务业，即内部人士所称的“3+7”个行业。

第三阶段，在全国范围内实现营改增，即消灭营业税。

2016年5月1日，建筑业、房地产业、金融业、生活服务业纳入营改增试点。至此，原来剩余的征收营业税的“四大行业”也已全部完成改征增值税。而本书所讲的全面推开营改增指的就是这个阶段的营改增。

至此，营业税彻底退出我国历史舞台。

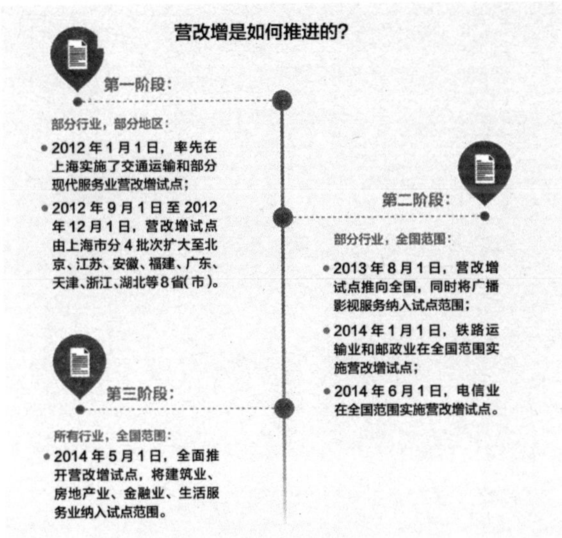

图 1-2 我国营改增的 3 个阶段

【扩展阅读】增值税是谁发明的?

增值税这么好，为什么不从一开始就全部都用增值税呢？这需要从增值税的发展历程说起。

1917 年，美国耶鲁大学经济学教授亚当斯（T.Adams）首先提出了对增值额征税的概念。1954 年，时任法国税务总局局长助理的莫里斯 · 洛雷推动法国增值税制的制定与实施，并取得了成功，被誉为“增值税之父”。

在我国，增值税伴随着改革开放而产生，从 1979 年下半年开始，在个别地区进行增值税试点，并于 1984 年和 1993 年发生了两次重大改革。而我国目前现行的增值税制度，是以 1993 年 12 月 13 日国务院颁布的国务院令第 134 号《中华人民共和国增值税暂行条例》为基础的。

第 2 章

快速了解营改增的增值税

在第 1 章末尾我们讲到，营改增为增值税立法扫清了障碍，那么营改增之后的增值税已经彻底融入了原来的增值税当中吗？

答案是否定的。即使是营改增已经在形式与实质上实现了营业税改征增值税，甚至相当一部分的政策条文参照乃至共用了原增值税的规定，但营改增的相关政策仍然是独立规定，并未在法律形式上融入增值税，相关政策仍带有“试点”“过渡”等字眼，因此，当前的营改增政策仍属于“过渡期”的范畴。

营改增之后的增值税管理，对原增值税和营改增后的增值税分开管理。原增值税仍依据《中华人民共和国增值税暂行条例》及其相关规定来管理；营改增后的增值税则依据《关于全面推开营业税改征增值税试点的通知》（财税〔2016〕36 号）（下称 36 号文）及其相关规定来管理。

而 36 号文的重要意义，则是统一了 4 年多以来各试点陆陆续续出台的营改增文件，把政策统一到一个文件上来，原政策则相应废止。

对比《中华人民共和国增值税暂行条例》和《关于全面推开营业税改征增值税试点的通知》（36 号文），可以明显地看到两者在体例结构和程序管理上是完全一致的，在分类管理与计税方法上是基本一致的，而在优惠政策、差额计税上，36 号文又沿袭了原营业税的相关规定。总之，原增值税与营改增后的增值税基本实现了一致性，在特殊行业和优惠政策上则承继了营业税的规定。

而增值税的征收率，除了原增值税一直在使用的 3% 征收率，涉及不动产、房地产的销售与租赁的，新增了原营业税税率中 5% 的部分（5% 指征收率，而不是税率，税负还是略有下降）。

2.1 增值税的征税范围

征税范围是税法规定的征税对象和纳税人的具体内容或范围，即课税征收的界限。凡是列入征税范围的，都应征税，不列入征税范围的不征税。

2.1.1 增值税的五大类征税范围

增值税属于“流转税”的范畴，对“流转额”进行征税，即对“销售行为”进行征税。按照销售对象的属性不同，增值税的具体征税范围可以分为五类（如图 2-1 所示）：销售有形动产、销售不动产、销售无形资产、销售劳务与销售服务。其中，原增值税的征税范围有两类：销售货物（有形动产）、销售劳务（加工、修理、修配）；营改增后增值税的征税范围有三类：销售不动产、销售无形资产、销售服务（除加工、修理、修配劳务）。

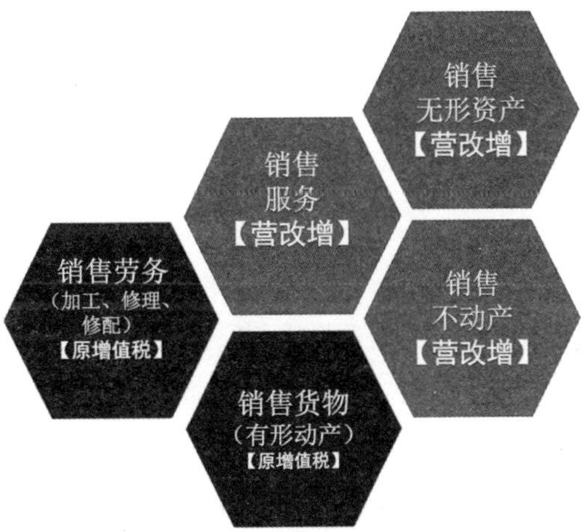

图 2-1 增值税的征税范围

2.1.2 容易混淆的“销售劳务”与“销售服务”

在增值税的征税范围中，“销售劳务”与“销售服务”是比较容易混淆的两项内容。虽然没有具体的文件明确对“销售劳务”与“销售服务”进行区分，但是从目前公布文件来看，有一个不成文的规定：“销售劳务”只出现在《中华人民共和国增值税暂行条例》等原增值税文件中，特指原增值税的“加工、修理、修配”3项劳务；而“销售服务”只出现在营改增文件中，特指营改增的增值服务。

从法理上来理解，“加工、修理、修配”劳务，与商品（有形动产）的生产、销售密切相关，例如代工工厂从事受托加工劳务，从本质上看，仍属于生产企业的生产行为。

“销售服务”的项目种类繁多，具体可细分为七大类33小类：交通运输服务、邮政服务、电信服务、建筑服务、金融服务、现代服务、生活服务，涉及了第三产业的各行各业，包括常见的餐饮、住宿等。

2.1.3 营改增的不征税项目

不征税项目与免税项目不同，免税项目是指按照法理应当征税，但是因涉及国计民生等原因而单独规定免于征税；而不征税项目是指在法理上不属于征税的范围，故而不应当征税。不征税项目具体来说可以分为以下几类。

1. 从法理上看，就不属于经营行为的非经营活动

销售服务、无形资产或者不动产，是指有偿提供服务、有偿转让无形资产或者不动产，但下列业务属于非经营活动，因此不属于征税范围。

政府性基金和行政事业性收费。这类项目属于政府的“收费”范畴，开具的是“财政票据”（省级以上财政部门监制），而非“发票”，所收款项也需要全额上缴财政。

单位（含个体户）与内部员工的服务。单位与员工之间的双向服务都属于不征税范围。员工为单位（雇主）提供服务，单位（雇主）支付员工工资的行为不属于征税范围；单位（雇主）为员工提供服务，如单位为员工提供班车服务等，不属于征税范围。

2. 超出我国征税范围的，完全发生在境外的行为

《营业税改征增值税试点实施办法》第一句就提到“在中华人民共和国境

内（以下称境内）销售服务、无形资产或者不动产（以下称应税行为）的单位和个人，为增值税纳税人"，因此仅对境内的应税行为征税，下列情况因属于"境外"行为而不征税。

一是境外单位或者个人向境内单位或者个人销售完全在境外发生的服务。例如，出国旅游时，国外当地的旅行社为国人在国外提供的旅游服务。

二是境外单位或者个人向境内单位或者个人销售完全在境外使用的无形资产。

三是境外单位或者个人向境内单位或者个人出租完全在境外使用的有形动产。例如，出国后在当地租车，国外的租车公司就不属于征税范围。

3. 税法单独规定的不征收增值税的项目

下列项目在《营业税改征增值税试点实施办法》"附件 2：营业税改征增值税试点有关事项的规定"中单独列示为不征收增值税的项目。

一是根据国家指令无偿提供的铁路运输服务、航空运输服务，属于规定的用于公益事业的服务。

二是存款利息。

三是被保险人获得的保险赔付。

四是房地产主管部门或者其指定机构、公积金管理中心、开发企业以及物业管理单位代收的住宅专项维修资金。

五是在资产重组过程中，通过合并、分立、出售、置换等方式，将全部或者部分实物资产以及与其相关联的债权、负债和劳动力一并转让给其他单位和个人，其中涉及的不动产、土地使用权转让行为。

2.1.4 营改增的视同销售行为

正常的销售行为都属于"有偿"的经营行为，企业会取得货币、货物或者其他经济利益。但是，部分特殊的经济行为虽然未取得收入，或者会计上认为这些行为不符合常规会计上的收入确认标准，因此不确认收入；而税法上认为，这些行为与销售行为类似，所以需要缴纳增值税。对于原增值税来说，以下 8 种销售行为视同销售。

货物交付他人代销。

销售代销货物。

将货物从一个机构移送非同一县（市）的其他机构用于销售。

将自产或委托加工的货物用于非应税项目。

将自产、委托加工或购买货物作为投资，提供给其他单位或个体经营者。

将自产、委托加工或购买的货物分配给股东或投资者。

将自产或委托加工的货物用于集体福利或个人消费。

将自产、委托加工或购买的货物无偿赠送他人。

对于营改增后的增值税来说，目前仅有框架性的规定："单位或者个体工商户向其他单位或者个人无偿提供服务、无偿转让无形资产或者不动产，但用于公益事业或者以社会公众为对象的除外。"暂未出台具体文件进行细化即除公益事业捐赠以外，所有无偿提供的行为，例如免费试吃等活动，都属于视同销售行为。

2.2 增值税的税率与征收率

第 1 章已经介绍过，增值税小规模纳税人使用征收率来计算应缴纳的增值税，此外，增值税一般纳税人在一些特定情况下，也会使用征收率来计税。因此，究竟是使用税率还是征收率，具体还要看使用的哪种计税方法：采用一般计税方法，就用税率来计算增值税；采用简易计税方法，就用征收率来计算增值税。

2.2.1 增值税的税率

营改增之后的增值税税率分为 3 类 5 档。

1. 基本税率：17%

基本税率只有一档，即 17%，原增值税项目中销售货物（除低税率货物）、加工、修理、修配劳务按照此项目征收。此外，营改增中的有形动产租赁服务也按照此税率征收。

2. 低税率：13%、11%、6%

13% 的税率适用于原增值税销售货物中的特殊商品，具体项目有 20 项，采取正列举的方式逐个列出，主要涉及国计民生的商品，如农业产品、饲料、化肥、农药、图书、自来水等。

11% 的税率适用于营改增中的 7 个行业，采取正列举的方式逐个列出：交通运输、邮政、基础电信、建筑、不动产租赁服务、销售不动产、转让土地使用权。

除 11% 税率之外的其他的营改增行业，均适用 6% 的税率。

3. 零税率：0%

原增值税中的出口货物，以及营改增之后的跨境应税行为均采取零税率的政策。

2.2.2 增值税的征收率

一般来说，使用征收率的都是无法抵扣税款的情形，因此征收率较税率来说低一些。营改增之后的增值税征收率分两档，即 3% 和 5%，特殊业务减按 2% 征收率。

1. 第一类：基本规定 3%

除特殊规定外，均适用 3% 的征收率，包括原增值税项目，以及绝大部分营改增项目。

2. 第二类：特殊规定 5%

适用 5% 的征收率的项目全部是营改增之后的新增项目，具体有 14 项内容，均是涉及不动产、房地产的销售与租赁。

个人卖房、出租住房均是按此征收率征税。其中，个人出租住房按照 5% 的征收率减按 1.5% 计算。

例如：个人卖房，房价为 105 万元，这是价税合计价格，需先按照 5% 换算为不含税价：105÷（1+5%）=100 万元，再按照 1.5% 计算：100×1.5%=1.5 万元，1.5 万元即为应纳税额。

3. 第三类：减按 2% 的优惠

适用减按 2% 征收率征收的情况包括三种，小规模纳税人（除其他个人外）销售自己使用过的固定资产（动产），一般纳税人销售自己使用过的不得抵扣且未抵扣进项税额的固定资产（动产），以及旧货行业的纳税人销售旧货。

对于营改增企业来说，有可能会遇到这种情况：销售自己使用过的固定资产时，这个固定资产是在营改增之前取得的，因此，政策规定是“不得抵扣”，而且取得时也确实未抵扣进项税。这种情况的计税公式如下：

应纳税额＝含税销售额 ÷（1+3%）×2%

可以看出，在换算不含税销售额时，依旧适用 3% 的征收率，只有在最终计算应纳税额时，才减按 2% 的征收率。此外，需要注意的是，该项业务不得开具增值税专用发票，如果需要开具增值税专用发票，就只能放弃该减税政策，而只能按照 3% 的征收率缴纳增值税。

2.3 一般纳税人和小规模纳税人

增值税对纳税人的管理不同于营业税，其最显著的特点是将纳税人分为两类：一般纳税人和小规模纳税人。所有的纳税人，无论是企业还是个体工商户，要么是一般纳税人，要么是小规模纳税人，而且只能是其中一种，不能既是一般纳税人，又是小规模纳税人。

2.3.1 小规模纳税人和一般纳税人的官方定义

根据《增值税暂行条例》《增值税暂行条例实施细则》以及《关于全面推开营业税改征增值税试点的通知》（财税〔2016〕36 号）的规定，一般纳税人和小规模纳税人的定义依然按照销售额来区分："应税行为的年应征增值税销售额（以下称应税销售额）超过财政部和国家税务总局规定标准的纳税人为一般纳税人，未超过规定标准的纳税人为小规模纳税人。"

然而，这个销售额标准是历史遗留的产物，随着简政放权力度的加大，相关政策正在逐步"松绑"，一般纳税人的认定已经取消了行政审批，改为"登记制"，对年应税销售额未超过规定标准的纳税人，也可以直接登记为一般纳税人，销售额的标准不再是成为一般纳税人的必要条件。同时，即使超过销售额标准的，如果符合特殊条件，也可选择适用小规模纳税人身份。

小规模纳税人和一般纳税人身份是可以转换的，但转换只能是单向转换：小规模纳税人可以登记为一般纳税人；一旦登记为一般纳税人，就不能转为小规模纳税人了。因此，如果企业刚刚创立，不知道该使用哪种身份的情况下，可以先登记为小规模纳税人，待到需要一般纳税人身份的时候，再转登记为一般纳税人。

2.3.2 销售额标准

营改增之后，小规模纳税人和一般纳税人的销售额标准如下：

工业：50 万元

商业：80 万元

营改增：500 万元

（注：这里所指的是“年应税销售额”，其中的“年”指的是连续 12 个月内，销售额中包含免税销售收入。）

那么，低于这个标准就不能登记为一般纳税人吗？答案是否定的。年应税销售额未超过规定标准的纳税人，只要会计核算健全，能够提供准确税务资料的，可以向主管税务机关办理一般纳税人资格登记，成为一般纳税人。简单来说，想要登记为一般纳税人身份，已经与销售额无关了，只要是能够按照国家统一的会计制度规定设置账簿，根据合法、有效凭证核算的纳税人，无论销售额是多少，都可以申请成为一般纳税人。

那么，高于这个标准必须登记为一般纳税人吗？事实上，超过销售额标准也并不是必须要登记为一般纳税人，但是必须要符合以下三种特殊情况之一：除个体工商户以外的其他个人；非企业性质单位选择按照小规模纳税人纳税；不经常发生应税行为的企业选择按照小规模纳税人纳税。

如果符合上述三种情况之一的，还必须及时向主管税务机关提交书面说明，办理相关手续。否则，未按规定时限办理，将会受到非常严厉的管理措施：税款的计算不得使用征收率，而直接使用相对较高的税率来计算，且不允许抵扣税款，也不得使用增值税专用发票，直至办理相关手续为止。除此之外，超过销售额标准的纳税人，都应当登记为一般纳税人。

2.3.3 身份的不同带来计税方法的差异

小规模纳税人适用“简易计税方法”来计算应纳税额，且不得抵扣进项税额。此外，除试点的 91 个城市的住宿业外，小规模纳税人不得自行开具增值税专用发票，而只能到主管税务机关代开 3% 征收率的增值税专用发票。

一般纳税人适用“一般计税方法”来计算应纳税额，通过“当期销项税额 − 当期进项税额”的方式来计算当期应缴纳的增值税额。此外，特殊行业的一般纳税人如发生特定应税行为，可以不使用一般计税方法，而选择简易计税方法来计税。例如，公共交通、电影放映、装卸搬运、动漫企业等。

2.3.4 一般纳税人的优势

尽管一般纳税人有这么严格的管理，但很多企业还是希望自己作为一般纳税人，其中的缘由就是：一般纳税人可以自行开具增值税专用发票，而小规模纳税人需要开具增值税专用发票的时候，只能去主管税务机关代开，不能自行开具。因此，对于需要经常开具增值税专用发票的企业来说，登记为一般纳税人更具有吸引力。

营改增带来的新变化：只有一般纳税人能够自行开具增值税专用发票的政策在 2016 年 8 月 1 日起有所变化，在全国 91 个试点城市，开始对住宿业小规模纳税人试点自行开具增值税专用发票。意思是说：91 个试点城市的住宿业小规模纳税人，也可以自行领取、自行开具增值税专用发票。（《关于部分地区开展住宿业增值税小规模纳税人自开增值税专用发票试点工作有关事项的公告》国家税务总局公告 2016 年第 44 号）

2.3.5 一般纳税人的管理严格之处

在实务工作中，由于一般纳税人能够开具增值税专用发票，可以抵扣税款，国税局对一般纳税人的管理较为严格。此外，一般纳税人的登记条件为“会计核算健全”，因此主管税务机关默认为一般纳税人拥有较强的核算能力和完善的内部管理，相关的管理措施也是按照相应的标准来进行设置的。和小规模纳税人相比，一般纳税人需要进行纳税申报的次数更多，纳税申报的申报表更为复杂。

一般纳税人在正常情况下，需要按月进行申报，一年需要申报至少 12 次；小规模纳税人原则上实行按季申报，一年只需要申报 4 次即可［依据《国家税务总局关于合理简并纳税人申报缴税次数的公告》（国家税务总局公告 2016 年第 6 号）］。与小规模纳税人相比，一般纳税人需要多申报 8 次，同时需要多报送 8 次资料。

一般纳税人的增值税纳税申报的资料更多、申报的内容更为复杂，包括一般纳税人申报表主表一张，附列资料七张，其中必填两张；而小规模纳税人只需提供申报表主表一张，附列资料一张。增值税纳税申报目前依据的是《国家税务总局关于调整增值税纳税申报有关事项的公告》（国家税务总局公告 2016 年第 27 号）。从公告以及实务工作可以看出，增值税一般纳税人的申报表更为复杂，需要附列的资料更多。

此外，对一般纳税人来说，由于扣税凭证需要经过税务机关认证才能抵扣税款，因此一般纳税人每个月都需要认证扣税凭证；而小规模纳税人由于不能抵扣税款，不需要进行认证。

2.4 一般计税方法计算增值税

一般计税方法是增值税一般纳税人发生应税行为时适用的计算方法，一般计税方法的应纳税额，是指当期销项税额抵扣当期进项税额后的余额。

2.4.1 一般计税方法的基本公式

增值税一般纳税人发生应税行为时适用一般计税方法，一般计税方法的公式如下：

应纳税额 = 当期销项税额 − 当期进项税额

其中，“当期销项税额”是指按照销售额和增值税税率计算并收取的增值税额。计算公式如下：

销项税额 = 销售额 × 税率

公式中的销售额同样为不含税销售额，如果采用的是含税价，则需要按照下列公式换算为不含税价：

不含税销售额 = 含税销售额 ÷（1+ 税率）

其中，“当期进项税额”是指纳税人购进货物、加工修理修配劳务，购进服务、无形资产或者不动产时，支付或者负担的增值税额。对于实务操作来说，进项税额的抵扣是一个非常重要的问题，哪些项目允许抵扣，哪些项目不允许抵扣，通过什么方式抵扣，抵扣凭证的认证时间限制等问题都需要弄明白。

2.4.2 凭票抵扣的 7 种进项税额抵扣凭证

我国的增值税进项税额实行的是“凭票抵扣”政策，其中，凭票的“票”

具体指以下 7 种抵扣凭证。

1. 增值税专用发票

从货物销售方、加工修理修配劳务或者应税劳务提供方取得的增值税专用发票，是最主要的抵扣凭证。

2. 税控机动车销售统一发票

从机动车零售商处购入新车（旧车除外）时取得的，用于注册上牌、缴纳车辆购置税的机动车销售统一发票也可作为抵扣凭证。

3. 海关进口增值税专用缴款书

从海关取得的海关进口增值税专用缴款书也可作为抵扣凭证。

4. 农产品收购发票

一般纳税人从农业生产者收购农产品时，按农产品买价乘以 13% 计算抵扣进项税额。

农产品收购发票有两个要点："农业生产者"与"自产"。购买的对象不能是批发零售商，购买的东西也不能是向农业生产者购买非自产的产品。

（注：部分行业按照《农产品增值税进项税额核定扣除试点实施办法》抵扣进项税额的除外。）

5. 农产品销售发票

农产品销售发票是指小规模纳税人销售农产品时，依照 3% 征收率开具的或者通过税务机关代开的普通发票。

享受免税政策的纳税人开具的发票不能抵扣税款。

6. 出口货物转内销证明

外贸企业发生原记入出口库存账的出口货物内销或视同内销货物征税的，以及已申报退（免）税的出口货物发生退运并转内销的，外贸企业可于发生内销或视同内销货物的当月向主管税务机关申请开具出口货物转内销证明，用于抵扣进项税额。

7. 税收缴款凭证

税收缴款凭证是指接收境外单位或者个人提供的应税服务，从税务机关或者境内代理人处取得的税收缴款凭证，以及从银行取得加盖银行转（收）讫章的电子缴税凭证。

2.4.3 不得抵扣进项税的情形

增值税一般纳税人并非是只要取得增值税专用发票就能够进行抵扣，下列5类情况不得抵扣进项税。

1. 扣税凭证不合规、不齐全

一般纳税人取得的上述7种增值税扣税凭证，如果不符合法律、行政法规或者国家税务总局有关规定的，进项税额不得从销项税额中抵扣。一般来说，大部分情况属于凭证开具不合规，因此认证无法通过。

凭完税凭证抵扣进项税额的，应当具备书面合同、付款证明和境外单位的对账单或者发票。资料不全的，进项税额不得从销项税额中抵扣。

2. 非正常损失

非正常损失是指因管理不善造成货物被盗、丢失、霉烂变质，以及因违反法律法规造成货物或者不动产被依法没收、销毁、拆除的情形。具体来说，有以下4种情形：

非正常损失的购进货物，以及相关的加工修理修配劳务和交通运输服务；

非正常损失的在产品、产成品所耗用的购进货物（不包括固定资产）、加工修理修配劳务和交通运输服务；

非正常损失的不动产，以及该不动产所耗用的购进货物、设计服务和建筑服务；

非正常损失的不动产在建工程所耗用的购进货物、设计服务和建筑服务。其中，新建、改建、扩建、修缮、装饰不动产，均属于不动产在建工程。

不动产与不动产在建工程项目中所称的货物，是指构成不动产实体的材料和设备，包括建筑装饰材料和给排水、采暖、卫生、通风、照明、通讯、煤气、消防、中央空调、电梯、电气、智能化楼宇设备及配套设施。

3. 抵扣链条出现断裂

一般纳税人用于简易计税方法的计税项目、免征增值税项目购进货物、加工修理修配劳务、服务、无形资产和不动产，不得抵扣增值税进项税额。这类情形的出现属于增值税计税方法的改变，以及适用了优惠政策，导致抵扣的原理失效，增值税抵扣的链条断裂，因而不允许抵扣。

4. 非生产性购进

一般纳税人用于集体福利或者个人消费的购进货物、加工修理修配劳务、服务、无形资产和不动产不得抵扣，因为纳税人的交际应酬消费属于个人消费，而非为了生产经营而购进。

5. 营改增规定的不得抵扣项目

营改增相关文件特别规定：一般纳税人用于购进的旅客运输服务、贷款服务、餐饮服务、居民日常服务和娱乐服务不得抵扣进项税。

2.4.4 已抵扣进项税额转出的情形

已抵扣进项税额的购进货物（不含固定资产）、劳务、服务，如发生了不得抵扣的情形，应当将该进项税额从当期进项税额中扣减。例如，购买的货物发生了被盗等非正常损失，或原本计划用于生产的购进货物，转而向职工发放了福利。这种情况的具体计税方法如下。

如果是一般的货物、劳务、服务发生不得抵扣情形的，按照当期实际成本计算应扣减的进项税额。

如果是固定资产、无形资产或者不动产，发生不得抵扣情形的，则需要按照下列公式计算不得抵扣的进项税额：

不得抵扣的进项税额＝固定资产、无形资产或者不动产净值×适用税率

其中的固定资产、无形资产或者不动产净值，是指纳税人根据财务会计制度计提折旧或摊销后的余额。

如果是兼营简易计税方法计税项目、免征增值税项目而无法划分不得抵扣的进项税额，按照下列公式计算不得抵扣的进项税额：

不得抵扣的进项税额＝当期无法划分的全部进项税额×（当期简易计税方法计税项目销售额＋免征增值税项目销售额）÷当期全部销售额

2.5 营改增亮点——不动产抵扣

将不动产纳入抵扣范围是本次营改增较大的亮点，笔者认为，这标志着我国成功完成了向消费型增值税税制的转型。由于不动产涉及的金额巨大，因此扣税的力度也是空前的。不动产的抵扣办法也与一般商品不同，国家税务总局专门出台了《不动产进项税额分期抵扣暂行办法》（国家税务总局公告 2016 年

第 15 号）进行详细规定，甚至在文件中直接规定了具体核算的会计科目，这在以往都是极其罕见的。

2.5.1 不动产抵扣的范围

2016 年 5 月 1 日后取得并在会计制度上按固定资产核算的不动产，以及 2016 年 5 月 1 日后发生的不动产在建工程。

不动产抵扣的范围可以分为不动产和在建工程两大类。

不动产包括以直接购买、接受捐赠、接受投资入股以及抵债等各种形式取得的不动产。

在建工程包括新建、改建、扩建、修缮、装饰不动产等。其中，改建、扩建、修缮、装饰不动产，需要满足增加不动产原值超过 50% 的条件，包括建筑装饰材料和给排水、采暖、卫生、通风、照明、通信、煤气、消防、中央空调、电梯、电气、智能化楼宇设备及配套设施。

但是，以下项目不属于不动产抵扣的范围：房地产开发企业自行开发的房地产项目，融资租入的不动产，以及在施工现场修建的临时建筑物、构筑物，其进项税额不适用上述分两年抵扣的规定。

2.5.2 不动产的“两段式”抵扣法

由于不动产涉及抵扣税款金额巨大，不动产的抵扣也前所未有地采取了“两段式”抵扣的方法，即不动产进项税额分两年从销项税额中抵扣：第一年抵扣比例为 60%，第二年抵扣比例为 40%。

具体抵扣的时间，60% 的部分于取得扣税凭证的当期从销项税额中抵扣；40% 的部分于取得扣税凭证的当月起第 13 个月从销项税额中抵扣。

为配合这种全新的抵扣方式，对会计核算也提出了具体的要求。

在第一年抵扣 60% 部分时，剩余的 40% 部分属于“待抵扣进项税”，要按照如下会计科目进行核算：待抵扣部分记入“应交税金—待抵扣进项税额”科目核算，于可抵扣时转入“应交税金—应交增值税（进项税额）”科目。

对不同的不动产和不动产在建工程，应分别核算其待抵扣进项税额。

应建立不动产和不动产在建工程台账，分别记录并归集不动产和不动产在建工程的成本、费用、扣税凭证及进项税额抵扣情况，以留存备查。

用于简易计税方法计税项目、免征增值税项目、集体福利或者个人消费的不动产和不动产在建工程，也应在建立的台账中予以记录。

对于购进时已全额抵扣进项税额的货物和服务，后来又用于不动产在建工程的，也需要按照“两段式”抵扣法进行调整：原来已抵扣过的进项税额的40%部分，要于转用的当期从进项税额中扣减，计入“待抵扣进项税额”科目下，于转用的当月起第13个月再抵扣。

2.5.3 已抵扣不动产的进项税转出

与普通商品的“不得抵扣进项税额”的规定类似，只是由于不动产的特殊性，对发生不得抵扣情形的不动产进项税额转出的计算方法进行了以下明确。

在建工程：发生非正常损失的，其所耗用的购进货物、设计服务和建筑服务已抵扣的进项税额应于当期全部转出；其待抵扣进项税额不得抵扣。

不动产：发生非正常损失，或者改变用途，专用于简易计税方法计税项目、免征增值税项目、集体福利或者个人消费的，按照下列公式计算不得抵扣的进项税额：

不得抵扣的进项税额＝（已抵扣进项税额＋待抵扣进项税额）× 不动产净值率

不动产净值率＝（不动产净值 ÷ 不动产原值）×100%

如果最终结果是：不得抵扣的进项税额≤该不动产已抵扣进项税额，将不得抵扣的进项税额从进项税额中扣减。

如果最终结果是：不得抵扣的进项税额＞该不动产已抵扣进项税额，将已抵扣进项税额从进项税额中扣减，并从该不动产待抵扣进项税额中扣减不得抵扣进项税额与已抵扣进项税额的差额。

运用“两段式”抵扣法的计算方法，不得抵扣的进项税额就可能出现大于、或者小于已经抵扣过的税额这两种情况。总之，不得抵扣的进项税额要完全转出，如果一次性不够转的，就通过扣减未来可以抵扣的方法来扣减。

同理，如果按照规定不得抵扣进项税额的不动产，发生用途改变，用于允许抵扣进项税额项目的，则按照下列公式在改变用途的次月计算可抵扣进项税额。

可抵扣进项税额＝增值税扣税凭证注明或计算的进项税额 × 不动产净值率

抵扣方法和抵扣时间与其他情况的“两段式”抵扣法完全一致。

2.5.4 未抵扣完的处理

由于“两年抵扣法”两次抵扣时间相隔一年，在这一年内很可能会发生将不动产转让、企业注销等情况，对于尚未抵扣的 40% 税款，是允许进行当期抵扣的，具体来说：

销售其取得的不动产或者不动产在建工程时，尚未抵扣完毕的待抵扣进项税额，允许于销售的当期从销项税额中抵扣。

注销税务登记时，尚未抵扣完毕的待抵扣进项税额于注销清算的当期从销项税额中抵扣。

按照应纳税额的计算公式“应纳税额 = 当期销项税额 − 当期进项税额”，很可能出现销项税额小于进项税额、不足抵扣的情况，不足部分可以结转下期继续抵扣。

2.6 简易计税方法计算增值税

简易计税方法是指按照销售额和增值税征收率计算应缴纳的增值税，且不得抵扣进项税额的计税方法。无论是小规模纳税人还是一般纳税人，其应纳税额计算公式均为：

应纳税额 = 销售额 × 征收率

小规模纳税人适用简易计税方法较为简单，而一般纳税人选择简易计税方法是营改增对营业税相关政策的延续，是对无法取得足够增值税进项凭证纳税人的的一种优惠措施，供纳税人自主选择较低税负的方式计税。因此，本书着重介绍一般纳税人适用简易计税方法的情况。具体来说，一般纳税人发生下列应税行为时可以选择适用简易计税方法计税。

2.6.1 第一类：部分服务业

（1）公共交通运输服务，包括轮客渡、公交客运、地铁、城市轻轨、出租车、长途客运、班车。

（2）经认定的动漫企业规定的服务项目，以及在境内转让动漫版权。

（3）电影放映服务、仓储服务、装卸搬运服务、收派服务和文化体育服务。

（4）以纳入营改增试点之日前取得的有形动产经营租赁服务。

（5） 在纳入营改增试点之日前签订的尚未执行完毕的有形动产租赁合同。

2.6.2 第二类：建筑服务业

（1）清包工：施工方不采购建筑工程所需的材料或只采购辅助材料，并收取人工费、管理费或者其他费用的建筑服务。

（2）甲供工程：全部或部分设备、材料、动力由工程发包方自行采购的建筑工程。

（3） 建筑工程老项目：《建筑工程施工许可证》注明的合同开工日期在 2016 年 4 月 30 日前的建筑工程项目；未取得《建筑工程施工许可证》的，建筑工程承包合同注明的开工日期在 2016 年 4 月 30 日前的建筑工程项目。

2.6.3 第三类：销售不动产

（1）一般纳税人销售其 2016 年 4 月 30 日前取得（不含自建）的不动产、自建的不动产，可以选择适用简易计税方法。

（2）房地产开发企业中的一般纳税人，销售自行开发的房地产老项目，可以选择适用简易计税方法按照 5% 的征收率计税。

2.6.4 第四类：不动产经营租赁服务

（1）一般纳税人出租其 2016 年 4 月 30 日前取得的不动产，可以选择适用简易计税方法，按照 5% 的征收率计算应纳税额。

（2）公路经营企业中的一般纳税人收取试点前开工的高速公路的车辆通行费，可以选择适用简易计税方法，减按 3% 的征收率计算应纳税额。

需要注意的是，一般纳税人发生上述特定应税行为时，可以选择一般计税方法计税，也可以选择适用简易计税方法计税，但一经选择 36 个月内不得变更。

2.7 销售额的确定

根据《中华人民共和国增值税暂行条例》第六条的规定，销售额为纳税人销售货物或者应税劳务时向购买方收取的全部价款和价外费用，但是不包括收取的销项税额。

2.7.1 销售额中应包含“价外费用”

价外费用是指价外收取的各种性质的收费，包括但不限于：手续费、补贴、基金、集资费、返还利润、奖励费、违约金、滞纳金、延期付款利息、赔偿金、代收款项、代垫款项、包装费、包装物租金、储备费、优质费、运输装卸费以及其他各种性质的价外收费。

但是不包括以下项目：代为收取的政府性基金或者行政事业性收费；以委托方名义开具发票代委托方收取的款项。

2.7.2 销售额确定的特殊规定

在《营业税改征增值税试点实施办法》“附件 2：营业税改征增值税试点有关事项的规定”中，对下列项目的销售额包含的项目、是否采用差额计税等内容直接进行了规定。在本节仅对整体情况进行介绍，具体内容详见本书第 7 章相关内容。

（1）贷款服务，以提供贷款服务取得的全部利息及利息性质的收入为销售额。

（2）直接收费金融服务，以提供直接收费金融服务收取的手续费、佣金、酬金、管理费、服务费、经手费、开户费、过户费、结算费、转托管费等各类费用为销售额。

（3）金融商品转让，以卖出价扣除买入价后的余额为销售额。

转让金融商品出现的正负差，按盈亏相抵后的余额为销售额。若相抵后出现负差，可结转下一纳税期与下期转让金融商品销售额相抵，但年末时仍出现负差的，不得转入下一个会计年度。

金融商品的买入价可以选择按照加权平均法或者移动加权平均法进行核算，选择后 36 个月内不得变更。

金融商品转让不得开具增值税专用发票。

（4）经纪代理服务，以取得的全部价款和价外费用，扣除向委托方收取并代为支付的政府性基金或者行政事业性收费后的余额为销售额。向委托方收取的政府性基金或者行政事业性收费，不得开具增值税专用发票。

（5）融资租赁和融资性售后回租业务。

经人民银行、银监会或者商务部批准从事融资租赁业务的试点纳税人，提供融资租赁服务，以取得的全部价款和价外费用，扣除支付的借款利息（包括外汇借款和人民币借款利息）、发行债券利息和车辆购置税后的余额为销售额。

经人民银行、银监会或者商务部批准从事融资租赁业务的试点纳税人，提供融资性售后回租服务，以取得的全部价款和价外费用（不含本金），扣除对外支付的借款利息（包括外汇借款和人民币借款利息）、发行债券利息后的余额作为销售额。

试点纳税人根据2016年4月30日前签订的有形动产融资性售后回租合同，在合同到期前提供的有形动产融资性售后回租服务，可继续按照有形动产融资租赁服务缴纳增值税。

（6）航空运输企业的销售额，不包括代收的机场建设费和代售其他航空运输企业客票而代收转付的价款。

（7）试点纳税人中的一般纳税人（以下称一般纳税人）提供客运场站服务，以其取得的全部价款和价外费用，扣除支付给承运方运费后的余额为销售额。

（8）试点纳税人提供旅游服务，可以选择以取得的全部价款和价外费用，扣除向旅游服务购买方收取并支付给其他单位或者个人的住宿费、餐饮费、交通费、签证费、门票费和支付给其他接团旅游企业的旅游费用后的余额为销售额。

选择上述办法计算销售额的试点纳税人，向旅游服务购买方收取并支付的上述费用，不得开具增值税专用发票，可以开具普通发票。

（9）试点纳税人提供建筑服务适用简易计税方法的，以取得的全部价款和价外费用扣除支付的分包款后的余额为销售额。

（10）房地产开发企业中的一般纳税人销售其开发的房地产项目（选择简易计税方法的房地产老项目除外），以取得的全部价款和价外费用，扣除受让土地时向政府部门支付的土地价款后的余额为销售额。

房地产老项目是指《建筑工程施工许可证》注明的合同开工日期在2016年4月30日前的房地产项目。

（11）上述（4）~（10）款的规定从全部价款和价外费用中扣除的价款，应当取得符合法律、行政法规和国家税务总局规定的有效凭证。否则不得扣除。这里的有效凭证包括：

支付给境内单位或者个人的款项，以发票为合法有效凭证；

支付给境外单位或者个人的款项，以该单位或者个人的签收单据为合法有效凭证，税务机关对签收单据有疑议的，可以要求其提供境外公证机构的确认证明；

缴纳的税款，以完税凭证为合法有效凭证；

扣除的政府性基金、行政事业性收费或者向政府支付的土地价款，以省级以上（含省级）财政部门监（印）制的财政票据为合法有效凭证。

纳税人取得的上述凭证属于增值税扣税凭证的，其进项税额不得从销项税额中抵扣。

2.8 特殊销售方式

2.8.1 兼营

兼营是指企业销售货物、加工修理修配劳务、服务、无形资产或者不动产时，适用不同税率或征收率，或者同时经营有减税免税项目，或者一般纳税人兼营简易计税方法计税项目的情况。

兼营的税务处理原则非常明确：不同项目分别核算；如果未分别核算的，按照最高的核算方法核算。

如果纳税人兼营不同税率或者征收率的，应当分别核算适用不同税率或者征收率的销售额，未分别核算销售额的，按照以下方法适用税率或者征收率：如果兼有不同征收率的，销售货物、加工修理修配劳务、服务、无形资产或者不动产，从高适用征收率；如果兼有不同税率的，销售货物、加工修理修配劳务、服务、无形资产或者不动产，从高适用税率；如果兼有不同税率和征收率的，销售货物、加工修理修配劳务、服务、无形资产或者不动产，从高适用税率。

如果纳税人兼营免税、减税项目的，应当分别核算免税、减税项目的销售额；未分别核算的，不得免税、减税。

如果适用一般计税方法的一般纳税人，遇到兼营简易计税方法计税项目、免征增值税项目而无法划分不得抵扣的进项税额，则应另行核算。例如，企业的生产线同时生产免税产品和非免税产品，相关产品能够准确地分别核算，符合减免税规定，但是，生产线上都需要耗用同样的原材料、水电费，无法划分有多少原材料、水电费是用来生产免税产品，有多少是用来生产非免税产品的。由于用于生产免税产品的进项税额不得抵扣，但是生产非免税产品的进项税是允许抵扣的，这时，企业需要按照下列公式计算不得抵扣的进项税额做进项税额转出：

不得抵扣的进项税额＝当期无法划分的全部进项税额 ×（当期简易计税方法计税项目销售额＋免征增值税项目销售额）÷ 当期全部销售额

2.8.2 混合销售

混合销售是指一项销售行为既涉及服务又涉及货物。混合销售容易与兼营混淆，两者的区别在于，应税行为是否是“一项”应税行为。例如，商场销售一台空调，并负责送货上门，且包安装，其中的运输服务、安装服务是同属于销售空调这一项应税行为当中的，因此该行为是混合销售行为；又如，商场卖出一台电视机，又另外为顾客安装了在网上买的空调，其中的安装空调服务与销售电视机并没有直接联系，是两项应税行为，属于兼营行为。

混合销售的税务处理原则是：按照企业的主业来算。

其中所说的“主业”，也包括以从事货物的生产、批发或者零售为主，并兼营销售服务的单位和个体工商户在内。从事货物的生产、批发或者零售的单位和个体工商户的混合销售行为，应按照销售货物缴纳增值税；其他单位和个体工商户的混合销售行为，应按照销售服务缴纳增值税。

例如：商业企业发生销售附带安装的行为，按照销售商品来计算；安装企业在安装时，附带销售配件、管线等等辅助材料，按照销售安装服务来计算。

需要注意的是，混合销售行为指的是同时涉及“货物”与“劳务”的销售行为，而非任意两种增值税应税项目的组合，比如“不动产”和“服务”的组合就不属于混合销售行为。

2.9 纳税地点、纳税期限与申报时间

由于营业税和增值税同属于流转税，日常申报、纳税的程序具有相通性，增值税的纳税地点、纳税期限和申报时间与之前营业税的相关政策并无较大改变。

2.9.1 增值税纳税地点

我国的增值税采取“属地”与管理的模式，由于与不动产相关的销售、租赁、建筑服务本身就具有属地的特点，因此又有单独的规定。

固定业户：增值税纳税地点在其机构所在地或者居住地，需要向其所属主管税务机关申报纳税。如果固定业户是分支机构的，且与总机构不在同一县（市）的情况，需要分别向各自所在地的主管税务机关申报纳税，也可以经过税务机关批准，采取由总机构汇总向总机构所在地的主管税务机关申报纳税。

非固定业户：要向应税行为发生地主管税务机关申报纳税。

不动产销售或者租赁、建筑服务：如果是固定业户，需要先向不动产所在地主管地税机关预缴税款，然后向机构所在地主管国税机关申报纳税；如果是其他个人提供建筑服务，销售或者租赁不动产，转让自然资源使用权，应向建筑服务发生地、不动产所在地、自然资源所在地主管税务机关申报纳税。

2.9.2 纳税期限与例征期

增值税的纳税期限分别为 1 日、3 日、5 日、10 日、15 日、1 个月或者 1 个季度。具体纳税期限由主管税务机关核定。

在实务工作中，一般纳税人习惯上以 1 个月为纳税期限，实行按月申报；由于国家税务总局近年来推进便利办税改革，发布了《关于合理简并纳税人申报缴税次数的公告》（2016 年第 6 号），因此小规模纳税人原则上以 1 个季度为纳税期限，实行按季申报。

以 1 个月或者 1 个季度为一个纳税期的，自期满之日起 15 日内申报纳税。在实务工作中，一般称这个申报纳税期限为“例征期”，具体时限会根据节假日进行调整，各省（市）国税机关会在每年年末发布公告，确定次年每个月的申报纳税期限。在重大事件情况下，国家税务总局也会发布公告，临时调整纳税申报期限。例如，考虑到营改增纳税人首次申报增值税可能会遇到各种问题，将 2016 年 7 月增值税申报纳税的最后期限向后延长 5 日，延长到 7 月 20 日(《国家税务总局关于延长 2016 年 7 月份增值税申报纳税期限的公告》2016 年第 39 号）。

第2编

三分钟学会营改增会计

第 3 章

创业老板该三分钟看懂会计

在实务工作中，笔者遇到的大部分自主创业的老板，几乎都没有太多的财务知识背景。然而企业所有的经营环节，却又都与财务有着密不可分的关系：收款、开票、付款等，甚至向投资人融资、向合伙人推广介绍的时候，也离不开财务数据的支持，财务成为了不少创业老板难以逾越的门槛。

对于创业企业来说，一个财务人员的工资，加上福利、奖金、五险一金等确实是一笔不小的开支。由于创业企业业务相对简单，所以不少创业老板往往倾向于找个代理记账公司，把账务处理和税务一条龙处理了。由于代理记账公司多是做账报税，至于付款及与开票相关的事务都由老板（或老板娘）一手包办。因此，对于创业老板来说，具备财务知识和财务思维尤为重要，不然就会面临难以预料的风险。

3.1 会计世界的“大法则”

会计的核算过程较为烦琐、细致，但是对于企业会计来说，有着贯通核算全程的“规则”，是统领会计核算的“大法则”。

3.1.1 “有借必有贷，借贷必相等”

借贷记账法起源于意大利，迄今已有 500 多年的历史，是世界上普遍采用的记账方法。借贷记账法是“复式记账法”的一种，以“借”“贷”作为记账符号，任何一项经济业务都由两个或两个以上会计科目核算。

需要注意的是：“借”和“贷”只是记账符号，不代表任何经济意义，至于表示增加还是减少，取决于具体会计科目的性质。“借”表示资产的增加，以及负债、所有者权益的减少；“贷”表示资产的减少，以及负债、所有者权益的增加。

（注：借贷记账法的记账规则是有借必有贷，借贷必相等，即对于每笔交易或事项都要在两个或两个以上相互联系的账户中以借方和贷方相等的金额进行登记。）

借贷记账法的理论基础是：发生的各种经济业务，其中的资金运动会至少影响两个会计要素（或同一会计要素中的两个项目）发生增减的变化。由于设置了一整套完整的账户体系，账户记录使全部账户左右双方的发生额和余额的合计数自动平衡，既可以清晰地反映每笔经济业务的来龙去脉，又便于检查账户记录的完整性和正确性。

“有借必有贷”说明账户登记方向一定是有“借”方和“贷”方。

“借贷必相等”说明“借”方登记金额的合计数，一定等于“贷”方账户登记金额的合计数。

例 3-1：企业到银行提取现金 2 000 元，这个经济行为涉及：银行存款减少 2 000 元，现金增加 2 000 元。现金和银行存款都属于“资产类”会计科目，“借”方表示增加，“贷”方表示减少，示意见图 3-1，该业务会计分录如下：

借：现金　　2000

　贷：银行存款　2000

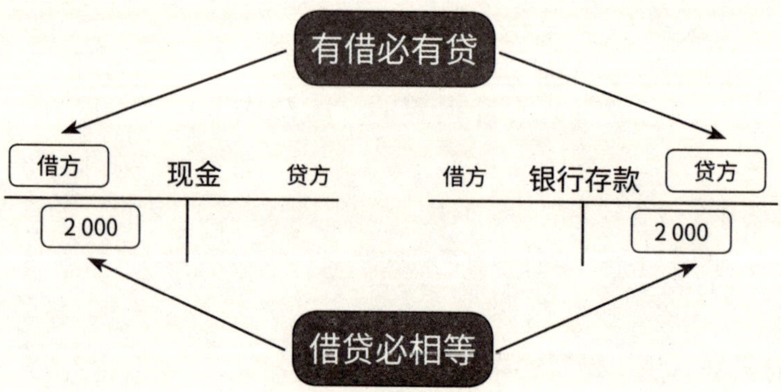

图 3-1　借贷记账法示例

3.1.2 “资产＝负债＋所有者权益”

“资产＝负债＋所有者权益”被称为“会计恒等式”，是会计记账、核算的基础，也是编资产负债表的基础。

站在公司的角度来看，会计恒等式轻松解释了企业有多少“钱”，以及这些“钱”都是从哪里来的。企业作为独立的经济个体，其“资产”反映了该企业可以调动的资源。资产来源分为两个部分：所有者权益和负债。其中，投资人投入的被称为“所有者权益”，从债权人处借来的被称为“负债”。这也可以反映出股东与债权人在企业的资产中分别占了多大份额。

反映企业资金运动的“时间点”状况，也就是企业经营中的某一天，一般是开始日或结算日的情况。

例 3-2：企业老板拿出自己的资金 100 万元，注册成立了一家公司 A，向朋友借款 20 万元，以银行同期利率支付利息。半年后，亲戚以一台估价 50 万元的设备投资入股。到本年末，企业 A 的负债为 20 万元（向朋友借款），所有者权益为 150 万元（老板 100 万元，亲戚 50 万元），资产总额为 170 万元（银行存款 120 万元，机器设备 50 万元）。

3.1.3 “利润＝收入－费用”

“利润＝收入－费用”是第二个会计等式，这是会计核算利润的依据，也是编制利润表的基础。

反映企业资金运动的“时间段”状况，也就是企业经营中的某一段时间，一般是一个月、一个季度或者一年的情况——反映的是企业的经营成果，所有的资产都是为了赚钱，而资产一旦运用并取得收入时，就转化成了费用，收入减去费用即为利润，又叫净收益。

3.2 让你秒懂内行的“小规则”

除了统领企业会计核算的“大法则”之外，企业会计核算还有着“隐形”的小规则。这些小规则是会计核算的灵魂，虽然并不直接告诉会计人员该怎么写会计分录，却影响着每笔业务的会计处理方式和方法。

3.2.1 “权责发生制”

权责发生制是企业的会计基础。企业会计的确认、计量和报告都是以权责发生制为基础的。

“权责发生制”中的“权”指权利，即拥有了收款的权利，“责”指义务，即有了付款的责任，“发生制”则指当收款权利、付款责任出现的时候，确认收入、费用。

要想理解“权责发生制”，需要先了解其相对应的“收付实现制”（又称“现金制”或“实收实付制”）。“收付实现制”是以货币收到或付出为标准，来记录收入的实现和费用的发生。

但是，真实的业务和货币的收支并不是完全一致的，例如：在赊销、分期收款业务中，货物已经发给买家，但现金或银行存款暂时尚未收到，如果采用“收付实现制”，只能等到收到款项时才能确认收入；但是，如果采用“权责发生制”，以取得收款权利、付款责任作为记录收入或费用的依据，而不以资金的是否收到或支付为依据则在货物发给买家时即可确认收入，无论款项是否收到。

我国企业会计准则规定，企业应当在收入已经实现和费用已经发生时就进行确认，而不是等到实际收到现金或者支付现金时才确认。具体来说，收入的归属期间应是创造收入的会计期间，费用的归属期间应是费用所服务的会计期间。

凡是当期已经实现的收入和已经发生或应当负担的费用，不论款项是否收付，都应当作为当期的收入和费用；凡是不属于当期的收入和费用，即使款项已在当期收付，也不应当作为当期的收入和费用。

例 3-3：A 企业 2016 年 9 月以银行存款 12 万元支付到 2017 年 9 月的房租。根据权责发生制要求，尽管 12 万元的房租一次性支付，但是对应的是一年的房租，应在 2016 年 9 月至 2017 年 9 月，每月分别确认费用 1 万元，而不应在 2016 年 9 月一次确认房租费用 12 万元。

需要提醒的是，由于存在“税会差异”，即税法与会计核算并不完全相同，对于上例中的房租，如果 A 企业缴纳房租而取得了增值税专用发票，则应在取得发票时一次性认证抵扣税款，而不是按月分摊抵扣税款。

3.2.2 “企业会计准则”与“小企业会计准则”

企业会计处理应当遵循财政部颁发的《企业会计准则》或者《小企业会计准则》。两者在会计核算的基本原则、基本方法上都是一致的，对基础工作的要求也是一致的，不同的是《小企业会计准则》对《企业会计准则》进行了简化，因此，符合《小企业会计准则》规定的小企业也可执行《企业会计准则》。

企业会计准则是指财政部颁发的《企业会计准则》，从内容上又具体分为基本准则、具体准则和应用指南三大部分。

基本准则对企业财务会计的一般要求和主要方面做出了原则性的规定，包括会计信息质量要求、财务会计报表要素、会计计量、财务会计报告等内容。

具体准则是在基本准则的指导下，对处理会计具体业务进行了规范其具体内容又可分为一般业务准则、特殊行业和特殊业务准则、财务报告准则三大类。其中，一般业务准则是规范普遍适用的一般经济业务，如存货、固定资产、无形资产、职工薪酬、所得税等。特殊行业和特殊业务准则是对特殊行业的特定业务的会计问题做出的处理规范，如生物资产、金融资产转移、套期保值、原保险合同、合并会计报表等。财务会计报告准则主要为规范各类企业通用的报告类准则，如财务报表列报、现金流量表、合并财务报表、中期财务报告、分部报告等。

应用指南则从不同角度对企业的具体准则进行了强化，旨在解决实务操作，包括具体准则解释部分、会计科目和财务报表部分。

小企业会计准则适用于小企业，我国是以企业资产总额、营业额和雇员人数及是否对外筹资为标准来划分小企业的，针对小企业经济业务简单的特点，财政部制定了《小企业会计准则》。

相对于《企业会计准则》，《小企业会计准则》主要简化了写法和核算方法 。具体来说，合并、减少了会计科目；减少了财务报表数量；部分资产计价方法进行了简化；有关会计事项的核算方法进行了简化，如资产清查的核算、长期股权投资的核算、所得税的核算、取消了减值准备的计提等。

《小企业会计准则》在处理上仍保持了与《企业会计准则》的一致性，以便将来随着小企业规模发生变化，转换为执行《企业会计准则》时，可减少需要调整和说明的内容。

3.3 会计核算的基础：会计对象、会计要素、会计科目

会计工作的核心是对资金运动进行核算和监督，这是会计对象的第一层次；第二层次是会计要素；第三层次是会计科目。会计对象、会计要素、会计科目层层递进，其中，会计要素是对会计对象的分类，会计科目是对会计要素的分类，如图 3-2 所示。

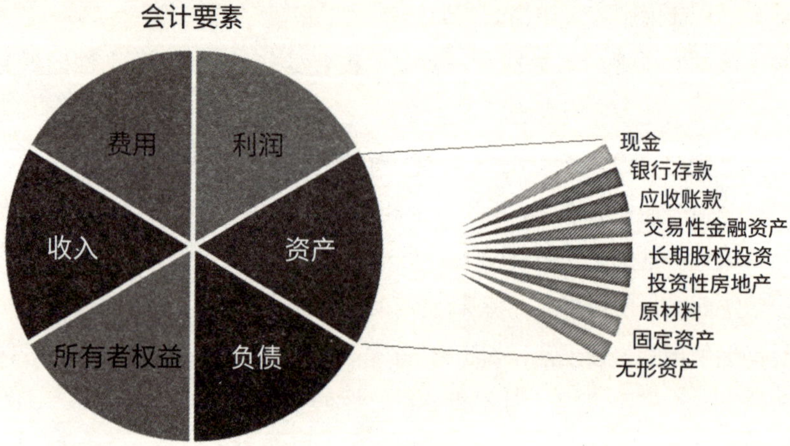

图 3-2 会计要素与会计科目

3.3.1 会计对象

会计对象是指会计所核算和监督的内容。凡是特定主体能够以货币表现的经济活动，都是会计核算和监督的内容，也就是会计对象。以货币表现的经济活动通常又称为价值运动或资金运动。因此，会计核算和监督的内容即会计对象就是资金运动。

企业的资金都要经过资金的投入、资金的循环与周转（即运用）和资金退出这样一个运动过程。资金的投入是企业资金运动的起点，包括投资者投入的资金和向债权人借入的资金，前者形成所有者权益，后者属于债权人权益（即负债）。资金的退出是企业资金运动的终点，包括偿还各项债务、向投资者分配利润等。

在会计的确认、计量和报告过程中，以货币为基础进行计量。企业在将符

合确认条件的会计要素登记入账并列报于会计报表及其附注（又称财务报表，下同）时，应当按照规定的会计计量属性进行计量，确定其金额。具体的会计计量属性主要包括以下 5 种。

1. 历史成本

在历史成本计量下，资产按照购置时支付的现金或者现金等价物的金额，或者按照购置资产时所付出的对价的公允价值计量。负债按照因承担现时义务而实际收到的款项或者资产的金额，或者承担现时义务的合同金额，或者按照日常活动中为偿还负债预期需要支付的现金或者现金等价物的金额计量。

2. 重置成本

在重置成本计量下，资产按照现在购买相同或者相似资产所需支付的现金或者现金等价物的金额计量。负债按照现在偿付该项债务所需支付的现金或者现金等价物的金额计量。

3. 可变现净值

在可变现净值计量下，资产按照其正常对外销售所能收到的现金或者现金等价物的金额扣减该资产至完工时估计将要发生的成本、估计的销售费用以及相关税费后的金额计量。

4. 现值

在现值计量下，资产按照预计从其持续使用和最终处置中所产生的未来净现金流入量的折现金额计量。负债按照预计期限内需要偿还的未来净现金流出量的折现金额计量。

5. 公允价值

在公允价值计量下，资产和负债按照市场参与者在计量日发生的有序交易中，出售资产所能收到或者转移负债所需支付的价格计量。

企业在对会计要素进行计量时，一般应当采用历史成本，采用重置成本、可变现净值、现值、公允价值计量的，应当保证所确定的会计要素金额能够取得并可靠计量。

3.3.2 六大会计要素

会计要素是构成会计报表的基本组件，同时也是设置会计账户的依据。

会计要素分为：资产、负债、所有者权益、收入、费用、利润六大要素。

其中，资产、负债和所有者权益是资产负债表的构成要素，反映企业在某一“日期”的财务状况；收入、费用和利润是利润表的构成要素，反映企业在某一“时期”内的经营成果。

1. 资产

资产是指企业过去的交易或者事项形成的、由企业拥有或者控制的、预期会给企业带来经济利益的资源。企业的资产一般按其流动性可分为流动资产和非流动资产两大类。

流动资产是指预计在一个正常营业周期内或一个会计年度内变现、出售或耗用的资产和现金及现金等价物，主要包括现金、银行存款、交易性金融资产、应收及预付款项和存货等会计科目。

现金和银行存款处于货币形态；交易性金融资产是指企业为了近期内出售而持有的金融资产，包括企业以赚取差价为目的从二级市场购入的股票、债券或基金等；应收及预付款项是指企业在日常生产经营过程中发生的各项债权，包括应收票据、应收账款、其他应收款和预付账款等；存货是指企业在日常活动中持有以备出售的产成品或商品、处在生产过程中的在产品、在生产过程或提供劳务过程中耗用的材料和物料，包括原材料、周转材料、在产品、半产品、产成品、商品以及委托加工物资等。

非流动资产是指流动资产以外的资产，主要包括长期股权投资、固定资产、无形资产和长期待摊费用等会计科目。长期股权投资是指企业投出的期限在1年以上（不含1年）的各种股权性质的投资，包括购入的股票和其他股权等。

固定资产是指企业为生产商品、提供劳务、出租或经营管理而持有的、使用寿命超过一个会计年度的有形资产。无形资产是指企业拥有或控制的、没有实物形态的可辨认非货币性资产，包括专利权、非专利技术、商标权、著作权、土地使用权等。

长期待摊费用是指企业已经发生但应由本期和以后各期负担的、分摊期限在1年以上（不含1年）的各项费用，包括以经营租赁方式租入固定资产发生的改良支出等。

2. 负债

负债是指企业过去的交易或者事项形成的、预期会导致经济利益流出企业的现时义务。企业的负债按其流动性可分为流动负债和非流动负债两大类。

流动负债是指在一年或超过一年的一个营业周期内偿还的债务，包括短期借款、应付及预收款项、应交税费、应付职工薪酬等会计科目。短期借款是指企业从银行或其他金融机构等借入的期限在1年以下（含1年）的各种借款；应付及预收款项是指企业在日常生产经营过程中发生的各项债务，包括应付票据、应付账款、其他应付款和预收账款等；应付职工薪酬是指企业根据有关规定应付给职工的各种薪酬，包括职工工资、奖金、津贴和补贴、职工福利费等；应交税费是指企业按照税法等规定计算的应向国家交纳的各种税费，包括增值税、消费税、所得税等。

非流动负债是指流动负债以外的负债，主要包括长期借款、应付债券和长期应付款等会计科目。长期借款是指企业向银行或其他金融机构借入的期限在1年以上（不含1年）的各项借款；应付债券是指企业为筹集长期资金而发行债券的本金及应付的利息；长期应付款是指企业除长期借款、应付债券以外的其他各种长期应付款项。

3. 所有者权益

所有者权益是指企业资产扣除负债后由所有者享有的剩余权益。公司的所有者权益又称为股东权益。所有者权益金额取决于资产和负债的计量。

所有者权益的来源包括所有者投入的资本、直接计入所有者权益的利得和损失、留存收益等。直接计入所有者权益的利得和损失是指不应计入当期损益、会导致所有者权益发生增减变动的、与所有者投入资本或者向所有者分配利润无关的利得或者损失。利得是指由企业非日常活动所形成的、会导致所有者权益增加的、与所有者投入资本无关的经济利益的流入。损失是指由企业非日常活动所发生的、会导致所有者权益减少的、与向所有者分配利润无关的经济利益的流出。

所有者权益的构成内容通常划分为：实收资本、资本公积、盈余公积和未分配利润等项目。

其中，实收资本是指投资者按照企业章程或合同、协议的约定，实际投入企业的资本金，也就是企业收到的投资者在企业注册资本或股本中所占份额的出资；资本公积主要是指企业收到投资者出资额超出其在企业注册资本或股本中所占份额的部分，也就是“资本（股本）溢价”部分，此外，还包括直接计入所有者权益的利得和损失；盈余公积是指企业按照国家有关规定从税后利润

（净利润）中提取的公积金，包括法定盈余公积和任意盈余公积等；未分配利润是指企业待分配或留待以后年度分配的利润。

4. 收入

收入是指企业在日常活动中形成的、会导致所有者权益增加的、与所有者投入资本无关的经济利益的总流入。根据企业所从事的日常活动的内容，企业的收入包括销售商品收入、提供劳务收入和让渡资产使用权收入。

根据重要性要求，企业的收入可以分为主营业务收入和其他业务收入。其中，主营业务收入是指企业通过销售商品、提供劳务等主营业务所实现的收入；其他业务收入是指企业通过除主营业务活动以外的其他经营活动所实现的收入，如工业企业通过出租固定资产、出租无形资产、出租包装物和商品、销售材料等所实现的收入。

需要注意的是，收入也不包括为第三方或者客户代收的款项，如企业销售产品收到的增值税销项税额。

5. 费用

费用是指企业在日常活动中发生的、会导致所有者权益减少的、与向所有者分配利润无关的经济利益的总流出。费用按照其功能可以分为生产成本和期间费用两大部分。

生产成本是企业为生产产品、提供劳务等发生的可归属于产品成本、劳务成本等的费用，应当在确认产品销售收入、劳务收入等时，将已销售产品、已提供劳务的成本等计入当期损益，包括直接材料费、直接人工费和制造费用等会计科目。

期间费用包括管理费用、财务费用和销售费用等。管理费用是指企业为组织和管理企业生产经营所发生的费用，包括业务招待费、研究费用等；财务费用是指企业为筹集生产经营所需资金等而发生的筹资费用，包括利息支出（减利息收入）、汇兑损益和相关的手续费等；销售费用是指企业在销售商品和材料、提供劳务的过程中发生的各种费用，包括保险费、广告费以及为销售本企业商品而专设的销售机构的职工薪酬、业务招待费、折旧费等。

6. 利润

利润是指企业在一定会计期间的经营成果。利润包括收入减去费用后的净额、直接计入当期利润的利得和损失等。

直接计入当期利润的利得和损失，是指应当计入当期损益、会导致所有者权益发生增减变动的、与所有者投入资本或者向所有者分配利润无关的利得或者损失。

需要注意的是，必须区分“收入”与“利得”，“费用”与“损失”，而区别的要点即是否是企业的“日常经营活动”所产生的。

企业非日常活动所形成的经济利益的流入不能确认为收入，而应当计入利得。例如，某工业企业将制造的产品售出，获得 20 万元。由于产品销售是该企业的日常活动，该收入应确认为企业的收入。但是，如果该企业拥有一项专利技术，出租给另一企业使用，收取的租金也应确认为企业的收入，因为这是与日常活动相关的其他经营活动取得的收入；若把该项专利技术出售给另一企业，该项活动与企业日常经营活动无关，则出售净收益不能作为企业的收入，而应作为企业的利得。

企业非日常活动所形成的经济利益流出不能确认为费用，而应当计入损失。例如，企业进行产品广告宣传，花费 10 万元，这 10 万元广告费应该确认为企业的费用。但是，企业处置固定资产时发生净损失 5 万元，这 5 万元净损失与企业日常经营活动无关，不能作为企业的费用，只能作为损失确认为营业外支出。

3.3.3 会计科目

会计科目可以设置为一级会计科目和二级会计科目。一级会计科目是对会计要素的具体内容进行总括分类、提供总括信息的会计科目（如图 3-3 所示），如“应交税费”等科目。二级会计科目是对一级会计科目的细分，如在“应交税费”科目下设置“应交增值税”二级科目。

一级会计科目	二级会计科目
应交税费	应交增值税
	未交增值税
	预缴增值税
	待抵扣进项税额
	待认证进项税额
	待转销项税额

图 3-3 会计科目分类

会计科目是设置账户的依据，会计账户是根据会计科目而开设的。会计科目只是账户的名称，会计账户具有一定的结构，如图 3-4 所示。

总　账（三栏式）

会计科目：原材料

2016		凭证种类号数	摘要	借方	贷方	借／贷	余额
月	日						
5	1		月初余额			借	50,000.00
	1	转 1	原材料入库	10,000.00		借	60,000.00
	2	转 3	领用原材料		20,000.00	贷	40,000.00
	21	转 20	原材料入库	30,000.00		借	70,000.00
5	31		本月合计	40,000.00	20,000.00	借	70,000.00

图 3-4 会计账户的基本结构

在借贷记账法下，对应会计科目，会计账户可分为以下 5 类。

1. 资产类账户：“借”方表示增加，“贷”方表示减少

资产类账户主要有：现金、银行存款、短期投资、应收账款、原材料、库存商品、待摊费用、长期投资、固定资产、累计折旧、无形资产、长期待摊费用等。

资产类账户期末借余＝期初借余＋本期借方发生额－本期贷方发生额

2. 负债及所有者权益类账户

“借”方表示减少，“贷”方表示增加。负债类账户主要有：短期借款、应付账款、应付工资、应交税金、预提费用、长期借款、应付债券、长期应付款等。所有者权益类账户主要有：实收资本、资本公积、盈余公积、本年利润、利润分配等。

权益类账户期末贷余＝期初贷余＋本期贷方发生额－本期借方发生额

3. 成本费用类账户

“借”方表示增加，“贷”方表示减少。成本类账户主要有：生产成本、制造费用等。费用类账户主要有：营业费用、管理费用、财务费用等。

成本类账户期初、期末余额在借方，表示在产品成本或未完工劳务已发生的成本；费用类账户由于核算内容属于当期结转的经济业务，此类账户期末一般没有余额。

4. 收入类账户

“借”方表示减少，“贷”方表示增加。收入类账户主要有：主营业务收入、

其他业务收入、营业外收入、投资收益等。

由收入类账户核算内容属于当期结转的经济业务，即期末通过借方将收入、利得结转进入利润类账户核算，因此此类账户期末没有余额。

5. 利润类账户

“借”方表示减少，“贷”方表示增加。利润类账户主要有本年利润等。此类账户反映了一定时期内财务成果的形成，并确定最终成果。

需要注意的是，会计账户的分类方法并不是唯一的，账户的属性也不是唯一的，可以设置部分同时兼具资产类和负债类的共同性账户，通过账户的余额方向来判断账户的性质。例如，“应收账款”账户，如果期末余额在借方，就属于资产类账户；如果期末余额在贷方，就是负债类账户。但就某一特定的期初或期末时点而言，共同性账户要么是资产类账户，要么是负债类账户，不可能既是资产类账户，又是负债类账户。

3.3.4 会计要素与会计科目

会计科目按其所归属的会计要素不同，可以分为资产类、负债类、所有者权益类、成本类、损益类五大类。会计要素则可分为六大类，其中收入和费用要素的大部分内容属于损益类会计科目，而费用要素中的成本可单分为成本类会计科目。其对应关系如图 3-5 所示。

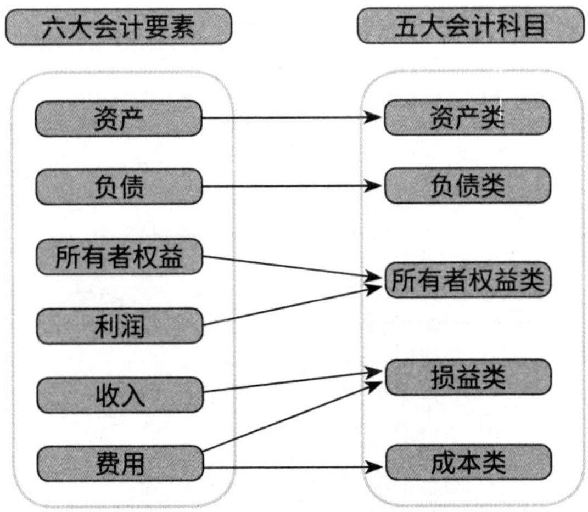

图 3-5 会计要素与会计科目的对应关系

资产类会计科目是对资产要素的具体内容进行分类核算的项目。在资产类会计科目中，有一些是用来反映资产价值损耗或损失的科目，如“累计折旧”“累计摊销”“坏账准备”“存货跌价准备”等。这些科目反映了相应资产的价值损耗或损失，目的是确定资产的账面价值，满足单位资产管理的需要。

负债类会计科目是对负债要素的具体内容进行分类核算的项目。

所有者权益类会计科目是对所有者权益要素的具体内容进行分类核算的项目。所有者权益类的“本年利润”科目归属于利润会计要素，由于企业实现利润会增加所有者权益，因而将其作为所有者权益类科目。

成本类会计科目是对产品、劳务成本的构成内容进行分类核算的项目。

损益类会计科目是对收入、费用要素的具体内容进行分类核算的项目，分别归属于收入要素和费用要素。

【扩展阅读】“T 型账户”（“丁字账户”）

“T 型账户”又称“丁字账户”。由于账户的模样与大写的字母“T”或汉字“丁”形似而得名。一个 T 型账户左方表示“借方”，右方表示“贷方”，借贷方对应的金额则记入该账户对应的下方。根据图 3-4 的会计记录内容，在 T 型账户列示如图 3-6 所示。

在没有实现会计电算化之前，会计人员每月都需要通过“丁字账”对各科目借贷方发生额进行手工汇总，把本月每个科目的借贷方发生额分别手工抄入丁字左右方，然后计算出各科目借贷方合计数，借贷方金额总计核算平衡后，根据各科目借贷方合计数登记总账。

原 材 料

借方		贷方	
期初余额	50,000.00		
转 1	10,000.00	20,000.00	转 3
转 20	30,000.00		
本期发生额合计	40,000.00	20,000.00	
期末余额	70,000.00		

图 3-6 T 型账户示意

3.3.5 会计分录

会计分录是指对某项交易或事项标明其应借、应贷账户及其金额的记录，简称分录。每个会计分录都应具备对应的账户名称、记账方向和金额三个要素，缺一不可。

采用借贷记账法编制会计分录的格式是：先写借方科目，再写贷方科目，金额单位默认为“人民币（元）”。会计分录为上下结构，上借下贷，借贷错开，金额相等。一般“贷”字应对齐借方科目的第一个字，金额也要错开写。编制复合会计分录时，对于多个贷方（或借方）科目，不必重复写“贷”或“借”，只需写第一个会计科目的“贷”或“借”，然后将相同方向的会计科目对齐即可。

会计分录的编制可参考以下步骤。

（1）确定交易或事项涉及的账户及其性质（即属于哪一类账户）。

（2）确定账户中应记金额是增加还是减少。

（3）检查应借应贷账户是否正确，借贷方金额是否相等。

可以将会计分录的编制方法简要概括为：确定账户，确定方向，先借后贷，上借下贷，借贷错开，金额相等。

例 3-4：企业到银行提取现金 2 000 元，会计分录的编制步骤如图 3-7 所示。

（1）这个事项涉及现金和银行存款两个账户，现金和银行存款都属于“资产类”会计科目。

（2）银行存款减少 2 000 元，现金增加 2 000 元。

（3）资产类账户“借”方表示增加，“贷”方表示减少，因此，借现金 2 000 元，贷银行存款 2 000 元。

（4）有借有贷，借现金，贷银行存款；借贷必相等，都是 2 000 元。

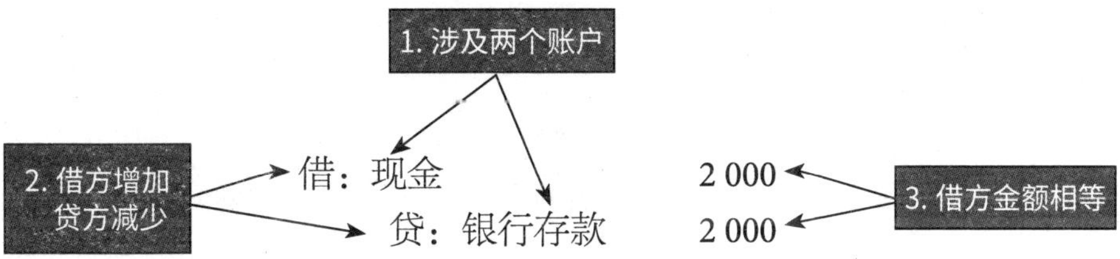

图 3-7 例 3-4 的会计分录示意

3.3.6 试算平衡

试算平衡是检查所有会计账户记录是否正确的过程，具体有发生额试算平衡法和余额试算平衡法两种方法。

1. 发生额试算平衡法

发生额试算平衡法是指根据“有借必有贷，借贷必相等”的记账规则，每一笔交易或事项都要以相等的金额分别记入两个或两个以上相关账户的借方和贷方，借贷双方的发生额应该相等。推而广之，将一定时期内的所有交易或事项正确无误地记入有关账户之后，所有账户的借方发生额合计数与贷方发生额合计数也应相等。其试算平衡公式为：

全部账户本期借方发生额合计数 = 全部账户本期贷方发生额合计数

2. 余额试算平衡法

余额额试算平衡法是根据本期所有账户借方余额合计与贷方余额合计的恒等关系，检验本期账户记录是否正确的方法。根据借贷记账法下的账户结构，资产类账户为借方余额，负债和所有者权益类账户为贷方余额，按照“资产 = 负债 + 所有者权益”的会计恒等式，资产类账户的借方余额合计与负债及所有者权益类账户的贷方余额合计必然相等。其试算平衡公式如下：

全部账户的期初借方余额合计 = 全部账户的期初贷方余额合计

全部账户的期末借方余额合计 = 全部账户的期末贷方余额合计

在实际工作中，为了检查记录的准确性和编制财务报表，一般通过编制“试算平衡表”来进行试算平衡（如图 3-8 所示）。试算平衡表是一列有总分类账中所有账户及其余额的简单表格，通常设有：“账户名称”栏，以及“期初余额”“本期发生额”“期末余额”3 个金额栏。通过总分类账户本期发生额和余额对照表，可以验算全部总分类账户发生额及期末余额是否平衡。

实际工作中，在结出各账户的本期发生额和余额后，可编制本期发生额和余额试算平衡表，从而发生额试算平衡与余额试算平衡一并完成。

总分类账试算平衡表

账户名称	期初余额		本期发生额		期末余额	
	借方	贷方	借方	贷方	借方	贷方
银行存款	300,000.00		400,000.00	190,000.00	510,000.00	
原材料			15,000.00		15,000.00	
固定资产	500,000.00		100,000.00		600,000.00	
短期借款		180,000.00	20,000.00			80,000.00
应付账款			80,000.00	25,000.00		25,000.00

图 3-8 试算平衡表

（续表）

账户名称	期初余额		本期发生额		期末余额	
	借方	贷方	借方	贷方	借方	贷方
实收资本		500,000.00		480,000.00		980,000.00
盈余公积		120,000.00	80,000.00			40,000.00
合计	800,000.00	800,000.00	695,000.00	695,000.00	1,125,000.00	1,125,000.00

期初余额 借贷相等　　发生额 试算平衡　　余额 试算平衡

图 3-8 试算平衡表（续）

试算平衡的基本公式是：

全部账户的借方期初余额合计数 = 全部账户的贷方期初余额合计数

全部账户的借方发生额合计 = 全部账户的贷方发生额合计

全部账户的借方期末余额合计 = 全部账户的贷方期末余额合计

在编制试算平衡表时，必须保证所有账户的发生额和余额均已记入试算平衡表。会计等式是对会计六要素整体而言的，缺少任何一个账户的发生额和余额都会造成本期借方发生额合计与本期贷方发生额合计不相等、期初（或期末）借方余额合计数与贷方余额合计数不相等。如果试算平衡表借贷不相等，可以肯定账户记录有错误，应查找错误原因，直到实现平衡为止。

需要说明的是，发生额与余额试算结果平衡，也并不能说明账户记录绝对正确。因为有些错误并不会影响借贷双方的平衡关系。

例如：漏记某项交易或事项，将导致本期借贷双方的发生额等额减少，但借贷仍然平衡；重记某项交易或事项，将导致本期借贷双方的发生额等额虚增，但借贷仍然平衡；某项交易或事项记错有关账户，借贷仍然平衡；颠倒记账方向也不会影响借贷平衡关系；借方或贷方发生额中，偶然一多一少并相互抵销，借贷仍然平衡。

3.4 会计核算的流程：证、账、表

企业会计的日常工作即为：填写会计凭证、依据会计凭证登记会计账簿、依据会计账簿填写会计报表，简称为：证、账、表。

3.4.1 传统会计核算流程

在传统的手工记账年代，对企业发生的交易或事项都要根据原始凭证或原始凭证汇总表编制记账凭证，然后根据记账凭证逐笔登记明细分类账、总分类账，再根据总分类账出会计报表。其一般流程包括下列 7 个步骤，如图 3-9 所示。

（1）根据原始单据编制原始凭证、或原始凭证汇总表。

（2）根据原始凭证或汇总原始凭证编制收款凭证、付款凭证和转账凭证。如果企业业务较少，也可编制通用记账凭证。

（3）根据收款和付款的记账凭证逐笔登记现金日记账和银行存款日记账。

（4）根据原始凭证、原始凭证汇总表和记账凭证登记各种明细分类账。

（5）根据记账凭证逐笔登记总分类账。

（6）期末时（月末、季度末、半年末、年末），核对现金日记账、银行存款日记账和明细分类账的余额与有关总分类账的余额是否相符。

（7）期末时，根据总分类账和明细分类账记录编制会计报表。

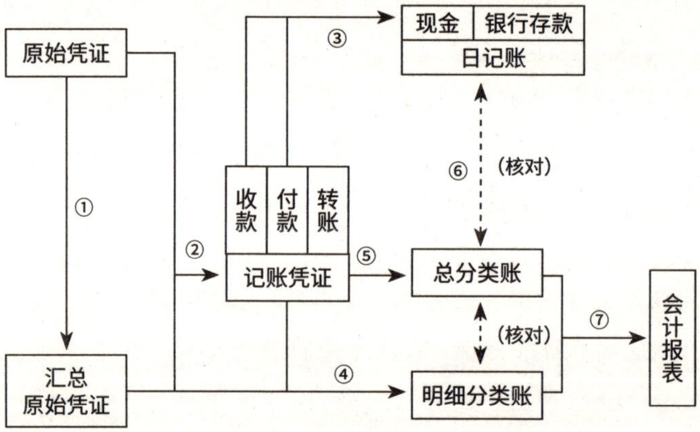

图 3-9 会计核算流程图

3.4.2 会计电算化带来的改变

传统的手工会计操作流程可简单地概括为：凭证→账簿→报表 3 个部分。会计电算化改变了这种传统的流程模式，使会计业务变为：输入→处理→输出 3 个主要流程。这种自动化、一体化极大地简化了传统会计工作，节约了大量的人力、物力成本。

相对于传统手工会计，会计电算化的核算仍需要对原始凭证进行整理，并将相关信息输入到财务软件当中，再通过财务软件打印记账凭证，将记账凭证和原始凭证进行装订。对于会计账簿和会计报表，财务软件一般都会根据人工录入的原始凭证和记账凭证数据，依据财务流程规则自动生成。

目前，比较成熟的财务软件系统已经成为 ERP 系统的一个子系统。ERP 是 Enterprise Resource Planning 的简称，译为“企业资源计划”，它将企业内部所有资源整合在一起，实现对企业的物资资源（物流）、人力资源（人流）、财务资源（财流）和信息资源（信息流）等资源进行一体化管理，提高了企业配置和使用资源的效率。

加强对会计核算流程和原理的深入了解，可以帮助我们更好地理解财务数据，同时更熟练地使用财务软件。

3.4.3 会计凭证

会计凭证是会计核算工作的起点和基本环节，也是会计账簿的前提和依据。无论是否采用了会计电算化，会计凭证的制作都是不可或缺的环节。

会计凭证按其用途和填制程序的不同可以分为原始凭证和记账凭证两类。

原始凭证又称单据，是经济业务发生的最初证明，是会计核算的重要资料，具有法律效力，包括发票、收据、材料入库单、领料单等。

1. 记账凭证

计账凭证又称计账凭单，是会计人员根据审核无误的原始凭证，按照经济业务的内容加以归类，并据以确定会计分录后所填制的会计凭证。记账凭证应记载经济业务的简要内容，明确会计分录，它是登记会计账簿的直接依据。按经济业务内容不同，记账凭证可以分为：收款凭证、付款凭证和转账凭证。

2. 收款凭证

收款凭证是指用于记录现金和银行存款收款业务的记账凭证。收款凭证又可分为现金收款凭证和银行存款收款凭证，分别根据现金或银行存款收入业务的原始凭证填制，是登记库存现金日记账银行存款日记账以及有关明细账和总账等账簿的依据。

3. 付款凭证

付款凭证是指用于记录现金和银行存款付款业务的记账凭证。付款凭证又可分为现金付款凭证和银行存款付款凭证，分别根据现金或银行存款付出的原始凭证填制，是登记库存现金日记账、银行存款日记账以及有关明细账和总账等账簿的依据。为避免凭证重复，对于两类货币资金之间的划转业务（如将现金送存银行，或从银行提取现金）一般只编制付款凭证，不编制收款凭证。

4. 转账凭证

转账凭证是指用于记录不涉及现金和银行存款业务的记账凭证。转账凭证应根据有关转账业务的原始凭证编制，作为登记有关明细账和总账等账簿的依据。

收款凭证、付款凭证和转账凭证，都是按交易或事项的某种特定属性定向使用的记账凭证，因此都属于专用记账凭证。此外，业务比较单纯、业务量也较少的企业，也可以采用通用记账凭证。通用记账凭证是各类交易或事项（包括收款、付款和转账业务）共同使用的记账凭证。

3.4.4 会计账簿

会计账簿是指以经审核过的会计凭证为依据，由专门格式、相互联结的账页所组成的，用来全面、连续、系统地记录各项经济业务的簿籍。

账簿一般分为：总账、日记账和明细账。日记账一般为现金和银行存款使用。总账和明细账按照具体的会计科目进行设置，明细账为总账的进一步细分，如“应收账款”会计科目，在总账中记录每笔应收款，而在明细账中细分为应收 A 企业的账款、应收 B 企业的账款等。一般的 ERP 财务软件都会自动设置账簿，本书不再过多介绍。

会计账簿必须按规定于每年年度结束后更换新账。更换新账时，应将各账户的年末余额过入下一年度新账簿。在新账簿有关账户新账页的第一行“余额”栏内，填上该账户上年的余额；同时在“摘要”栏内加盖“上年结转”戳记。

部分财产物资明细账和债权债务明细账，如固定资产明细账、应收账款明细账等，可以跨年度继续使用，各种备查账簿也可以跨年度连续使用，不必每年更换新账。

3.4.5 会计报表

企业需要编制财务报告，且需要按照规定的时间向主管税务机关报送相关财务报表。

财务会计报告包括会计报表及其附注和其他应当在财务会计报告中披露的相关信息和资料。会计报表至少应当包括资产负债表、利润表、现金流量表等报表。会计报表附注是对资产负债表、利润表、现金流量表等报表中列示项目所作的进一步说明，以及对未能在这些报表中列示项目的说明等。

财务会计报表按照时间一般分为：月报、季度报、半年报、年报。一般来说，企业需要在申报期向主管税务机关报送月报（按季申报的企业报送季报）和年报。

1. 资产负债表

资产负债表是根据“资产 = 负债 + 所有者权益”这一会计恒等式来编制的。它是依照一定的分类标准和编排顺序，将单位在特定日期的全部资产、负债和所有者权益项目进行适当分类、汇总、排列后编制而成的。

如图 3-10 所示，资产负债表的左侧为“资产”，右侧上半部分为“负债”，右侧下半部分为“所有者权益”。“资产”和“负债”要素一般是自上向下按各项资产、负债的流动性从强到弱的顺序逐一列示。

资 产 负 债 表

编制单位: 年 月 日 单位：元

资产	行次	期末余额	年初余额	负债及所有者权益（或股东权益）	行次	期末余额	年初余额
流动资产：	1			流动负债：	34		
货币资金	2			短期借款	35		
交易性金融资产	3			交易性金融负债	36		
应收票据	4			应付票据	37		
应收账款	5			应付账款	38		
预付款项	6			预收款项	39		
应收利息	7			应付职工薪酬	40		
应收股利	8			应交税费	41		
其他应收款	9			应付利息	42		
存货	10			应付股利	43		
一年内到期的非流动资产	11			其他应付款	44		
其他流动资产	12			一年内到期的非流动负债	45		
流动资产合计	13			其他流动负债	46		
非流动资产：	14			流动负债合计	47		
可供出售金融资产	15			非流动负债：	48		
持有至到期投资	16			长期借款	49		
长期应收款	17			应付债券	50		
长期股权投资	18			长期应付款	51		
投资性房地产	19			专项应付款	52		
固定资产	20			预计负债	53		
在建工程	21			递延所得税负债	54		
工程物资	22			其他非流动负债	55		
固定资产清理	23			非流动负债合计	56		
生产性生物资产	24			负债合计	57		
油气资产	25			所有者权益（或股东权益）：	58		

图 3-10 资产负债表（适用于企业会计准则）

（续表）

资产	行次	期末余额	年初余额	负债及所有者权益（或股东权益）	行次	期末余额	年初余额
无形资产	26			实收资本（或股本）	59		
开发支出	27			资本公积	60		
商誉	28			减：库存股	61		
长期待摊费用	29			专项储备	62		
递延所得税资产	30			盈余公积	63		
其他非流动资产	31			未分配利润	64		
非流动资产合计	32			所有者权益（或股东权益）合计	65		
资产总计	33			负债和所有者权益（或股东权益）总计	66		

图 3-10　资产负债表（适用于企业会计准则）（续）

2. 利润表

利润表是根据“收入－费用＝利润”来编制的，主要反映一定时期内公司的营业收入减去营业支出之后的净收益，体现了企业的盈利能力。

如图 3-11 所示，利润表的编制过程，也是利润的计算过程，从上至下首先计算出“营业利润”，再通过加减营业外收支计算出“利润总额”，最后减去企业所得税费用即为“净利润”。

通过利润表可以从总体上了解企业收入、成本和费用及净利润（亏损）的实现及构成情况，还可以进一步分析企业的获利能力及利润的未来发展趋势。

利 润 表

编制单位：　年　月　单位：　元

项目	行次	本期金额	上期金额
一、营业收入	1		
减：营业成本	2		
营业税金及附加	3		
销售费用	4		
管理费用	5		
财务费用	6		
资产减值损失	7		

图 3-11　利润表（适用于企业会计准则）

（续表）

项目	行次	本期金额	上期金额
加：公允价值变动收益（损失以“—”填列）	8		
投资收益（损失以“—”填列）	9		
其中：对联营企业和合营企业的投资收益	10		
二、营业利润（亏损以“—”填列）	11		
加：营业外收入	12		
减：营业外支出	13		
其中：非流动资产处置损失	14		
三、利润总额（亏损总额以“—”填列）	15		
减：所得税费用	16		
四、净利润（净亏损以“—”填列）	17		
五、每股收益	18		
（一）基本每股收益	19		
（二）稀释每股收益	20		

图 3-11 利润表（适用于企业会计准则）（续）

3. 现金流量表

现金流量表反映了企业现金流入和现金流出的动态状况，体现了企业经营活动、投资活动和筹资活动对企业现金流入流出的影响。其中，经营活动产生的现金流主要记录了企业在销售商品、提供劳务、购买商品、接受劳务、支付税收等活动中的现金流动情况，反映出企业自身的经营能力。

通过现金流量表，我们能够了解到影响企业现金流量的因素，评价企业的支付能力、偿债能力和周转能力，预测企业未来的现金流量。

3.4.6 会计档案管理

会计档案的管理需要按照财政部、国家档案局联合下发的《会计档案管理办法》（2015 年第 79 号令）来进行。

需要注意的是，采用电子计算机进行会计核算的单位，应当保存打印出来的纸质会计档案。具备采用磁介质保存会计档案条件的单位，应将保存在磁介质上的会计数据、程序文件及其他会计核算资料视同会计档案一并管理。企业会计档案保管期限如图 3-12 所示。

序号	档案名称	保管期限
一	会计名称	
1	原始凭证	30 年
2	记账凭证	30 年
二	会计账簿	
3	总账	30 年
4	明细账	30 年
5	日记账	30 年
6	固定资产卡片	报废清理后 5 年
7	其他辅助性账簿	30 年
三	财务会计报告	
8	月度、季度、半年度财务会计报告	10 年
9	年度财务会计报告	永久
四	其他会计资料	
10	银行存款余额调节表	10 年
11	银行对账单	10 年
12	纳税申报表	10 年
13	会计档案移交清册	30 年
14	会计档案保管清册	永久
15	会计档案销毁清册	永久
16	会计档案鉴定意见书	永久

图 3-12 企业会计档案保管期限

3.5 新手老板的额外提醒

对于新手老板来说，除了了解会计的原理与核算方法，更需要从总体上额外注意风险高发的地方。

3.5.1 会计与税法存在一定差异

需要特别了解的是，会计与税法两者之间存在差异，而且是无法消除的差异，并且随着会计、税收理论的进一步发展，这种差异也将会越来越大。

既然存在差异，在办理纳税申报的时候就需要进行纳税调整。例如，增值税中对“价外费用”的规定，对折扣销售的规定，以及对包装物押金的不同处理。

增值税需要在月末（或季度末）按照税法规定计算出应纳税额并申报缴税。

3.5.2 出纳和会计不要是一个人

会计与出纳分离，既是会计基础工作规范的规定，也是企业内部风险控制的要求，可以降低舞弊风险和差错风险，保护财产安全以及增强会计数据的可靠性。

会计与出纳需要明确各自的职责范围：出纳收付钱款，会计编制收付款记账凭证，即所谓“管钱的不管账，管账的不管钱”。例如，出纳只负责现金的保管、银行存款业务的办理及日记账的登记，会计则负责登记银行存款和现金总账，期末的银行存款对账单由会计取回并由会计编制银行存款余额调节表。通过总账与日记账的核对，可以及时发现舞弊或差错风险。如果出纳保管支票，则印章由会计或其他专人保管。

第 4 章

营改增会计该怎么做账

目前，营改增的会计处理的有效依据是财政部在 2012 年出台的《营业税改征增值税试点有关企业会计处理规定》（财会〔2012〕13 号），而该文件预计很快会被即将出台的《关于增值税会计处理的规定》所取代。

新规定统一了营改增之后增值税的会计核算，使之既适用于增值税一般纳税人，也适用于小规模纳税人；既适用于试点纳税人（即按照《营业税改征增值税试点实施办法》缴纳增值税的纳税人），也适用于原增值税纳税人（即按照《中华人民共和国增值税暂行条例》缴纳增值税的纳税人）。如无特殊说明，本章会计核算均据此规定进行处理。

注：目前，财政部已经下发《关于增值税会计处理的规定（征求意见稿）》来征求社会各界意见，文件中已经明确：在该文件正式出台之后，财会〔2012〕13 号相应废止，在新规定发布前未按新规定处理的会计业务，必须进行追溯调整。

笔者认为该征求意见稿已经能够满足目前一般创业企业纳税申报及增值税明细核算的需求，可以根据《关于增值税会计处理的规定（征求意见稿）》来处理当前业务，待到正式发布时，再视修订情况进行调整。

4.1 营业税与增值税会计核算的差异

在会计核算上，营业税和增值税可不是换个二级会计科目那么简单，两者从会计科目设置、会计核算方式，以及最终是否影响利润表等都是完全不同的。

4.1.1 增值税是价外税

与营业税相比，增值税最大的特点是“价外税”。营业税通过“营业税金及附加”会计科目最终归集进入“本年利润”进而影响会计利润。而增值税是价外税，在会计核算时，除了几种特殊情况外，不影响会计利润。下面，以较为简单的小规模纳税人为例，简要对比一下营业税与增值税会计核算的差异。

（1）原营业税会计处理如下：

计提营业税时，计入营业税金及附加科目

借：营业税金及附加

　贷：应交税费——应交营业税

（2）交纳营业税时

借：应交税费——应交营业税

　贷：银行存款

（3）期末时结转入利润核算

借：本年利润

　贷：营业税金及附加

（4）增值税小规模纳税人会计核算示例：

发生销售行为时，计提增值税销项税额

借：银行存款

　贷：主营业务收入

　　应交税费——应交增值税

（5）交纳增值税时

借：应交税费——应交增值税

　贷：银行存款

（6）增值税不影响利润，只结转收入即可

借：本年利润

贷：主营业务收入

4.1.2 营改增会计核算更加复杂

由于增值税“认证抵扣制度”的存在，一般纳税人增值税相关会计处理需要通过在“应交增值税”明细账内设置诸如“进项税额”等相关的专栏来核算认证抵扣等业务。由于营改增政策，又增设了“预缴增值税”“待抵扣进项税额”“待认证进项税额”“待转销项税额”等四个二级科目，以及“销项税额抵减”“简易计税”等两个专栏科目。

单从会计科目、下设专栏的数量来看，增值税的复杂性就可见一斑，加之增值税诸如因改变用途等导致进项税额抵扣情况发生变化、购进货物等已验收入库但尚未取得增值税扣税凭证暂估入账等业务，再加上营改增政策新增了“差额征税”、不动产与在建工程的“两段式”抵扣法，使得相关业务的会计处理复杂性和难度越发加大。

4.2 小规模纳税人的会计处理

小规模纳税人增值税会计核算较为简单，根据适用增值税政策的不同，可以分为一般处理方法和差额征税处理方法。

4.2.1 小规模纳税人会计一般处理

小规模纳税人在处理增值税时，只需要在“应交税费”科目下设置“应交增值税”明细科目，而不需要设置一般纳税人设置的各项专栏。下面结合案例来说明小规模纳税人增值税会计核算需要注意的 3 个要点：

1. 计算销售额时，注意将含税销售额换算为不含税销售额

例 4-1：某饭店为增值税小规模纳税人，为顾客提供餐饮服务取得收入 1 000 元，开具增值税普通发票，款项当场通过现金结算。

业务分析：餐饮业小规模纳税人适用 3% 征收率，提供餐饮服务取得收入 1 000 元属于价税合计，增值税销项税额为 1 000÷（1+3%）×3%=29.13 元，不含税销售额为 1 000-29.13=970.87 元，会计处理如下：

借：现金　　　　　1 000.00

　贷：主营业务收入　　　970.87

　　应交税费——应交增值税 29.13

2. 进项税额不得抵扣，直接将价税合计计入相应会计科目

例 4-2：该饭店向超市（一般纳税人）采购蔬菜、肉类，取得增值税普通发票，发票显示价款 1 000 元，增值税 170 元。会计分录如下：

借：原材料　　　1 170

　贷：现金　　　1 170

3. 增值税税控系统专用设备和技术维护费用可以抵减增值税额

根据财税〔2012〕15 号规定，增值税纳税人购买增值税税控系统专用设备支付的费用以及缴纳的技术维护费可在增值税应纳税额中全额抵减。上述两项抵减增值税的费用不属于进项税额抵扣，而是作为增值税的减征税额。

企业在填写纳税申报表时，需要特别注意：将抵减金额填入相应的《增值税纳税申报表》中的“应纳税额减征额”栏，本期应纳税额不足抵减减征额部分结转下期继续抵减。

例 4-3：某企业购置专用设备 2 000 元，作为企业固定资产管理，会计分录如下：

借：固定资产——税控设备 2 000

　贷：银行存款　　　2 000

借：应交税费——应交增值税（减征或已交税额） 5 000

　贷：营业外收入　　　　　　5 000

例 4-4：企业发生技术维护费，按实际支付 500 元（价税合计），计入管理费用，会计分录如下：

借：管理费用　　500

　贷：银行存款 500

借：应交税费——应交增值税（减征或已交税额） 500

　贷：管理费用　　　　　　500

4.2.2 小规模纳税人差额征税的会计处理

企业发生差额征税的业务，其增值税的销售额允许扣减相关成本费用，但在会计核算上分两个会计分录完成：减少的销项税额，借记“应交税费——应交增值税”科目，允许扣减的销售额与上述增值税额的差额，借记“主营业务成本”等科目；以未扣减前的销售额确认收入，计算增值税贷记“应交税费－应交增值税”科目，按应付或实际支付的金额，贷记“应付账款”“应付票据”“银行存款”等科目。企业实际缴纳的增值税为“应交税费－应交增值税”科目借、贷双方相抵之后的贷方余额。

例 4-5：某企业为小规模纳税人，提供劳务派遣服务，选择差额征税，取得含税销售额 10 万元，支付给劳务派遣员工工资、福利和为其办理社会保险及住房公积金的费用 8 万元。

业务分析：提供劳务派遣服务取得收入 10 万元时，按照差额征税办法适用 5% 征收率，应计增值税 10÷（1+5%）×5%=0.48 万元，确认收入 9.52 万元，会计分录如下：

借：银行存款　　　　10.00

　贷：主营业务收入　　　9.52

应交税费——应交增值税　0.48

业务分析：支付给劳务派遣员工工资、福利和为其办理社会保险及住房公积金的费用 8 万元时，同样按照差额征税办法适用 5% 征收率，计应扣减的增值税 8÷（1+5%）×5%=0.38 万元，冲减收入 7.62 万元，会计分录如下：

借：主营业务成本　　　7.62

　应交税费——应交增值税　0.38

　贷：银行存款　　　8.00

4.3 一般纳税人增值税会计科目

一般纳税人的会计核算较为复杂，单从二级科目和专栏的数量就可见一斑。本书将逐个介绍一般纳税人增值税会计科目和专栏的核算内容与方法。

4.3.1 一般纳税人核算增值税会计科目结构

增值税一般纳税人应当在“应交税费”科目下设置“应交增值税”“未交增值税”“预缴增值税”“待抵扣进项税额”“待认证进项税额”“待转销项

税额”6 个明细科目。在“应交增值税”明细账内设置“进项税额”“销项税额抵减”“已交税金”“转出未交增值税”“减免税款”“销项税额”“出口退税”“进项税额转出”“转出多交增值税”“简易计税”10 个专栏。一般纳税人核算增值税的会计科目与专栏结构如图 4-1 所示：

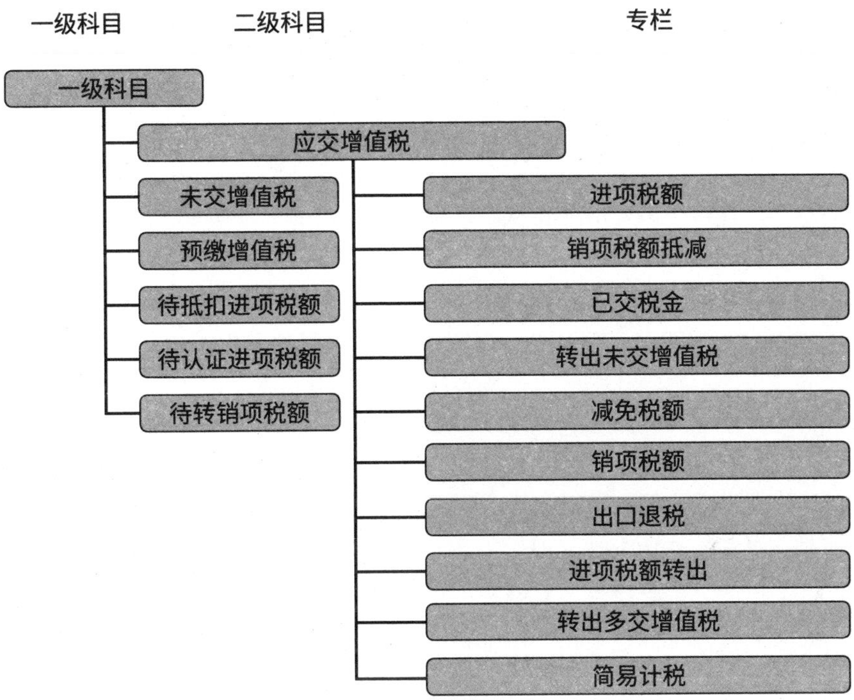

图 4-1 一般纳税人会计科目结构

4.3.2 “应交税费”科目下 6 个二级科目

1. “应交增值税”二级明细科目

增值税一般纳税人在“应交增值税”明细账内设置 10 项专栏，详解见“4.3.3‘应交增值税’二级科目下 10 个会计专栏”。

2. “未交增值税”二级明细科目

用来核算一般纳税人月度终了，从“应交增值税”或“预缴增值税”明细科目将应交未交增值税转入“未缴增值税”科目。待到实际缴纳时，核算当月缴纳的以前期间未交的增值税额。

3.“预缴增值税”二级明细科目

核算一般纳税人转让不动产、提供不动产经营租赁服务、提供建筑服务、采用预收款方式销售自行开发的房地产项目等，按现行增值税制度规定应预缴的增值税额。预缴增值税明细科目需要与企业的已交税金从核算上进行区分。

4.“待抵扣进项税额”二级明细科目

核算一般纳税人已取得增值税扣税凭证并经税务机关认证，按照现行增值税制度规定准予以后期间从销项税额中抵扣的进项税额。具体有以下两种情况：

一是按照《不动产进项税额分期抵扣暂行办法》有关规定，一般纳税人自2016年5月1日后取得并按固定资产核算的不动产或者自2016年5月1日后取得的不动产在建工程，分2年从销项税额中抵扣的会计核算，如果一般纳税人已取得增值税扣税凭证并经税务机关认证，对于需要在第2年进行抵扣的进项税额先计入待抵扣进项税额明细科目。

二是实行纳税辅导期管理的一般纳税人取得的尚未交叉稽核比对的增值税扣税凭证上注明或计算的进项税额在此二级明细科目核算。

5.“待认证进项税额”二级明细科目

待认证进项税额与待抵扣进项税额在核算上有些类似，都是当期不可以抵扣，在以后期间抵扣，其区别在于是否取得增值税抵扣凭证与是否认证。“待认证进项税额”用来核算一般纳税人由于未取得增值税扣税凭证或未经税务机关认证而不得从当期销项税额中抵扣的进项税额。具体分以下两种情况：一般纳税人已取得增值税扣税凭证、按照现行增值税制度规定准予从销项税额中抵扣，但尚未经税务机关认证的进项税额；一般纳税人取得货物等已入账，但由于尚未收到相关增值税扣税凭证而不得从当期销项税额中抵扣的进项税额。

6.“待转销项税额”二级明细科目

核算一般纳税人销售货物、加工修理修配劳务、服务、无形资产或不动产，已确认相关收入（或利得）但尚未发生增值税纳税义务而需于以后期间确认为销项税额的增值税额。属于处理会计与税法时间性差异的会计科目。

4.3.3 “应交增值税”二级科目下10个会计专栏

增值税一般纳税人应在“应交增值税”明细账内设置“进项税额”“销项税额抵减”“已交税金”“转出未交增值税”“减免税款”“销项税额”“出

口退税”“进项税额转出”“转出多交增值税”“简易计税”等专栏。

1.“进项税额”专栏

记录一般纳税人购进货物、加工修理修配劳务、服务、无形资产或不动产时，准予从销项税额中抵扣的增值税额。

2.“销项税额抵减”专栏

记录一般纳税人按照现行增值税制度规定因扣减销售额而减少的销项税额。适用于核算营改增差额征税方式下的会计处理。

3.“已交税金”专栏

记录一般纳税人已交纳的当月应交增值税额。

4.“转出未交增值税”专栏和“转出多交增值税”专栏

分别记录一般纳税人月末，转出当月应交未交或多交的增值税额。一般转出到“未交增值税”会计科目。

5.“减免税款”专栏

记录一般纳税人按现行增值税制度规定准予减免的增值税额。

6.“销项税额”专栏

记录一般纳税人销售货物、加工修理修配劳务、服务、无形资产或不动产应收取的增值税额，以及从境外单位或个人购进服务、无形资产或不动产时，应代对方扣缴的增值税额。

7.“出口退税”专栏

记录一般纳税人出口产品按规定退回的增值税额。

8.“进项税额转出”专栏

记录一般纳税人购进货物、加工修理修配劳务、服务、无形资产或不动产等发生非正常损失以及其他原因而不应从销项税额中抵扣，按规定转出的进项税额。

9.“简易计税”专栏

记录一般纳税人采用简易计税方法应交纳的增值税额。

4.4 一般纳税人增值税业务会计处理实例

接下来，我们将通过具体的实例，来介绍常见的一般纳税人涉税业务的会计处理方法，相关实例数据并非真实案例，而是为方便说明会计核算方法而编纂出来的。

4.4.1 销售业务的账务处理

企业销售货物、加工修理修配劳务、服务、无形资产或不动产，应当按应收或已收的金额，借记“应收账款”“应收票据”“银行存款”等科目，按取得的收入金额，贷记“主营业务收入”“其他业务收入”“固定资产清理”等科目，按现行增值税制度规定计算的销项税额（或采用简易计税方法计算的应纳增值税额），贷记“应交税费——应交增值税（销项税额或简易计税）”科目。

发生销售退回的，应根据税务机关开具的红字增值税专用发票做相反的会计分录。

例4-6：某酒店是增值税一般纳税人，为顾客提供住宿服务取得收入10 000元，开具增值税专用发票，款项当场通过POS机刷卡结算。

业务分析：住宿业一般纳税人适用6%税率，提供住宿服务取得收入10 000元属于价税合计，增值税销项税额为10 000÷（1+6%）×6%=566.04元，不含税销售额为10 000-566.04=9 433.96元，会计处理如下：

借：银行存款　　10 000.00

　贷：主营业务收入　　9 433.96

4.4.2 视同销售的账务处理

企业发生现行增值税制度规定视同销售的行为，应当按照国家统一的会计制度进行相应的会计处理，并按照现行增值税制度规定计算的销项税额（或采用简易计税方法计算的应纳增值税额），借记“应付职工薪酬”“利润分配”等科目，贷记“应交税费——应交增值税（销项税额或简易计税）”科目。

例4-7：某生产企业为增值税一般纳税人，将自产货物（适用17%增值税税率）分发给本厂职工作为福利，产品的成本是800元，产品不含税售价是1 000元。

业务分析：将自产的货物用于集体福利，属于视同销售行为，按照产品正常售价1 000元作为计税基础，应计销项税额1 000×17%=170元，相应结转对应的成本800元，会计处理如下：

借：应付职工薪酬——非货币性福利　　1 170

　贷：主营业务收入　　1 000

应交税费——应交增值税（销项税额）170

借：主营业务成本 800

贷：库存商品 800

4.4.3 采购等业务进项税额允许抵扣的账务处理

一般纳税人购进货物、加工修理修配劳务、服务、无形资产，按应计入相关成本费用的金额，借记“在途物资”或“原材料”“库存商品”“生产成本”“无形资产”“固定资产”“管理费用”等科目，按可抵扣的增值税额，借记“应交税费——应交增值税（进项税额）”科目，按应付或实际支付的金额，贷记“应付账款”“应付票据”“银行存款”等科目。发生退货的，应根据税务机关开具的红字增值税专用发票做相反的会计分录。

1. 一般纳税人采购业务

例 4-8：某商业企业为增值税一般纳税人，从生产厂家购进货物，取得增值税专用发票，增值税专用发票显示不含税价为 20 000 元，增值税税额为 3 400 元，商业企业会计处理如下：

借：库存商 20 000

应交税费——应交增值税（进项税额） 3 400

贷：银行存款 23 400

2. 一般纳税人购进货物退货业务

例 4-9：接上例，该商业企业发现该产品存在严重的质量问题，联系生产厂家做退货处理，取得红字增值税专用发票，商业企业会计处理如下：

借：库存商品 − 20 000

应交税费——应交增值税（进项税额） − 3 400

贷：银行存款 − 23 400

4.4.4 采购等业务进项税额不得抵扣的账务处理

一般纳税人购进货物、加工修理修配劳务、服务、无形资产或不动产，用于简易计税方法计税项目、免征增值税项目、集体福利或个人消费等，其进项税额按照现行增值税制度规定不得从销项税额中抵扣的，应计入相关成本费用，不通过“应交税费——应交增值税（进项税额）”科目核算。

例 4-10：某生产企业为增值税一般纳税人，春节期间采购一批货物作为福利分发给本厂职工，取得增值税专用发票，增值税专用发票显示不含税价为 10 000 元，增值税税额为 1 700 元。

业务分析：一般纳税人购进货物，用于集体福利，其进项税额为 1 700 元，不得从销项税额中抵扣的，应计入相关成本费用，会计处理如下：

借：应付职工薪酬——非货币性福利　　11 700

　贷：银行存款　　11 700

4.4.5 购进不动产或不动产在建工程按规定进项税额分年抵扣的账务处理

一般纳税人自 2016 年 5 月 1 日后取得并按固定资产核算的不动产或者自 2016 年 5 月 1 日后取得的不动产在建工程，其进项税额按现行增值税制度规定自取得之日起分 2 年从销项税额中抵扣的，应当按取得成本，借记“固定资产”“在建工程”等科目，按当期可抵扣的增值税额，借记“应交税费——应交增值税（进项税额）”科目，按以后期间可抵扣的增值税额，借记“应交税费——待抵扣进项税额”科目，按应付或实际支付的金额，贷记“应付账款”“应付票据”“银行存款”等科目。尚未抵扣的进项税额待以后期间允许抵扣时，按允许抵扣的金额，借记“应交税费——应交增值税（进项税额）”科目，贷记“应交税费——待抵扣进项税额”科目。

例 4-11：某企业为增值税一般纳税人，于 2016 年 10 月购买一项不动产，取得增值税专用发票，增值税专用发票显示不含税价为 1 000 万元，增值税税额为 110 万元。

业务分析：一般纳税人购进不动产时间属于 2016 年 5 月 1 日以后，进项税额 110 万元自取得之日起分 2 年分别按照 60% 和 40% 抵扣，即 2016 年 10 月当期可抵扣进项税额 =110 × 60%=66 万元；取得扣税凭证的当月起第 13 个月，即 2017 年 10 月可抵扣进项税额为：110 × 40%=44 万元。

2016 年 10 月会计处理如下：

借：固定资产　　1 000

　应交税费——应交增值税　　66

　应交税费——待抵扣进项税额　　44

　贷：银行存款　　1 110

2017 年 10 月会计处理如下：

借：应交税费——应交增值税 44

贷：应交税费——待抵扣进项税额 44

注：房地产开发企业自行开发的房地产项目，融资租入的不动产，以及在施工现场修建的临时建筑物、构筑物，其进项税额不适用分 2 年抵扣的规定。

4.4.6 货物等已验收入库但尚未取得增值税扣税凭证的账务处理

购进的货物等已到达并验收入库，但尚未收到增值税扣税凭证的，应按货物清单或相关合同协议上的价格暂估入账。按应计入相关成本费用的金额，借记“原材料”“库存商品”“无形资产”“固定资产”等科目，按未来可抵扣的增值税额，借记“应交税费——待认证进项税额”科目，按应付或实际支付的金额，贷记“应付账款”“应付票据”“银行存款”等科目。待取得相关增值税扣税凭证并经认证后，借记“应交税费——应交增值税（进项税额）”或“应交税费——待抵扣进项税额”科目，贷记“应交税费——待认证进项税额”科目。

例 4-12：某商业企业为增值税一般纳税人，从生产厂家购进货物，本月商品已入库，但并未收到厂家增值税专用发票，次月收到厂家增值税专用发票，显示不含税价为 20 000 元，增值税税额为 3 400 元，企业会计处理如下：

1. 商品入库时，未收到增值税专用发票：

借：库存商品 20 000

　应交税费——待认证进项税额 3 400

　贷：银行存款 23 400

2. 收到增值税专用发票时，办理认证：

借：应交税费——应交增值税（进项税额） 3 400

　贷：应交税费——待认证进项税额 3 400

4.4.7 已抵扣的，发生非正常损失或改变用途

因发生非正常损失或改变用途等，原已计入进项税额但按现行增值税制度规定不得从销项税额中抵扣的，借记“待处理财产损溢”“应付职工薪酬”等科目，贷记“应交税费——应交增值税（进项税额转出）”“应交税费——待抵扣进项税额”或“应交税费——待认证进项税额”科目。

例 4-13：某企业为增值税一般纳税人，在财产清查中发现库存原材料霉烂变质，该原材料成本为 10 000 元（不含运费），已在购进当月抵扣进项税，适用增值税税率 17%。

业务分析：原已抵扣进项税额，发生霉烂变质属于非正常损失，已抵扣的进项税额 10 000 × 17%=1700 元应做进项税额转出，企业会计处理如下：

借：待处理财产损益——待处理流动资产损益　　11 700

　贷：原材料　　10 000

　　应交税费——应交增值税（进项税额转出）　　1 700

借：管理费用　　11 700

　贷：待处理财产损益——待处理流动资产损益　　11 700

4.4.8 原不得抵扣且未抵扣的，改变用途用于允许抵扣

原不得抵扣且未抵扣进项税额的固定资产、无形资产等，因改变用途等用于允许抵扣进项税额的应税项目的，应当在用途改变的次月调整相关资产账面价值，按允许抵扣的进项税额，借记“应交税费——应交增值税（进项税额）”科目，贷记“固定资产”“无形资产”等科目；固定资产、无形资产经上述调整后，应按调整后的账面价值在剩余尚可使用寿命内计提折旧或摊销。

“不得抵扣且未抵扣进项税额的”固定资产、无形资产、不动产主要是指：用于免税项目、简易计税项目、集体福利或个人消费等情况，发生用途改变，用于允许抵扣进项税额的应税项目，即用于除上述项目之外的征税项目，可在用途改变的次月按照下列公式计算可以抵扣的进项税额，进项税额应取得合法有效的增值税扣税凭证。

可以抵扣的进项税额 = 固定资产、无形资产、不动产净值 /（1+ 适用税率）× 适用税率。

例 4-14：某企业为增值税一般纳税人，2016 年 7 月购进办生产线一条，该生产线生产产品取得的收入均为免税收入。取得增值税专用发票一份，注明的金额为 1 000 万元，税额为 170 万元。该生产线于次月开始计提折旧，假定分 10 年计提，无残值。2017 年 7 月，企业将该生产线改变用途，用于生产税率为 17% 的产品。

2016 年 7 月购进时：

业务分析：该生产线购进时属于不得抵扣的固定资产，价税合计应计入固定资产原值。企业会计处理如下：

借：固定资产——生产线——免税项目 1 170

　贷：银行存款　　　　1 170

2017 年 8 月进行会计处理：

业务分析：该生产线于 2017 年 7 月改变用途，用于允许抵扣项目，需按照不动产净值计算可抵进项税额后分期抵扣。该生产线已计提一年折旧 =1 170÷10×1=117 万元，固定资产净值 =1 170 － 117=1 053 万元。可抵扣进项税额 =1 053÷（1+17%）×17%=153 万元。应在改变用途的次月，即 2017 年 8 月计算抵扣进项税，调整后的账面价值 =1 053 － 153=900 万元计提折旧。企业会计处理如下：

借：固定资产——生产线——转应税项目　　900

　应交税费——应交增值税（进项税额）153

　贷：固定资产——生产线——免税项目　　1 053

4.4.9 已全额抵扣进项税额的货物或服务等转用于不动产在建工程

一般纳税人购进时已全额抵扣进项税额的货物或服务等转用于不动产在建工程的，原已抵扣进项税额的 40% 部分应于转用当期转出，借记“应交税费——待抵扣进项税额”科目，贷记“应交税费——应交增值税（进项税额转出）”科目。并于转用的当月起第 13 个月从销项税额中扣减。

该项业务的处理保持了相关政策在时间上的一致性，与购进不动产或不动产在建工程按规定进项税额分年抵扣的处理相吻合，但是不同之处在于直接购建不动产的 40% 未通过进项税额和进项税额转出处理。

例 4-15：某企业为增值税一般纳税人，购进一批钢材计划用于生产，取得增值税专用发票并已抵扣税款，增值税专用发票显示不含税价为 1 000 万元，增值税税额为 170 万元。2016 年 10 月，将这批钢材用于不动产在建工程。

业务分析：该企业购进时已全额抵扣进项税额 170 万元的钢材，转用于不动产在建工程的，应将原已抵扣进项税额的 40% 部分，即 170×40%=169.6 万元从当期扣减，转入“待抵扣进项税额”，并推迟到转用的第 13 个月进行抵扣。

① 2017 年 10 月抵扣转出税款时，会计处理如下：

借：应交税费——应交增值税　　　169.6

贷：应交税费——待抵扣进项税额　　169.6

②2016年10月钢材转用于不动产在建工程时，会计处理如下：

借：在建工程　　1 000

贷：原材料　　1 000

借：应交税费——待抵扣进项税额　　169.6

贷：应交税费——应交增值税（进项税额转出）169.6

4.4.10 一般纳税人差额征税的账务处理

按现行增值税制度规定企业发生相关成本费用允许扣减销售额的，应当按减少的销项税额，借记“应交税费——应交增值税（销项税额抵减）”科目，按应付或实际支付的金额与上述增值税额的差额，借记“主营业务成本”等科目，按应付或实际支付的金额，贷记“应付账款”“应付票据”“银行存款”等科目。

营改增过渡期间的科目使用的是“应交税费——应交增值税（营改增抵减的销项税额）”，新规定替换为了正式科目“应交税费——应交增值税（销项税额抵减）”。

例4-16：某企业为一般纳税人，提供劳务派遣服务，选择按照差额征税。取得含税销售收入100万元，支付给劳务派遣员工工资、福利和办理社会保险及住房公积金的费用80万元。

业务分析：提供劳务派遣服务取得收入100万元时，按照差额征税办法适用5%征收率，应计增值税=100÷（1+5%）×5%=4.76万元，确认收入为95.24万元，企业会计处理如下：

借：银行存款　　100.00

贷：主营业务收入　　95.24

应交税费——应交增值税　　4.76

业务分析：支付给劳务派遣员工工资、福利和为其办理社会保险及住房公积金的费用80万元时，同样按照差额征税办法适用5%征收率，计应扣减的增值税=80÷（1+5%）×5%=3.81万元，冲减收入为76.19万元，企业会计处理如下：

借：主营业务成本　　76.19

应交税费——应交增值税（销项税额抵减）3.81

贷：银行存款　　80.00

4.4.11 金融商品转让按规定以盈亏相抵后的余额作为销售额的账务处理

对于金融商品转让，可以先将含税金额一并计入“投资收益”科目；待期末一次性进行调整，借记“投资收益”科目，贷记“应交税费——应交增值税（销项税额）”科目。金融商品转让盈亏相抵后出现负差，按现行增值税制度规定可结转下一纳税期与下期转让金融商品销售额相抵的，企业应在账外备查登记。

例 4-17：某企业为增值税一般纳税人，于 2016 年 1 月以 100 万元价格购入一只股票，持有期间取得股息 2 万元，2016 年 10 月以 120 万元卖出。

业务分析：金融商品转让，按照卖出价扣除买入价后的余额为销售额：

销售额 =120 －（100 － 2）=22 万元

销项税额 =22 ÷（1+6%）× 6%=1.25 万元

期末会计处理如下：

借：投资收益　　　　　　　　1.25

　贷：应交税费——应交增值税（销项税额）　1.25

4.4.12 缴纳当月应交增值税的会计处理举例

例 4-18：某企业缴纳当月应交增值税 10 万元，通过网上银行直接缴纳，企业会计处理如下：

借：应交税费——应交增值税（已交税金）10

　贷：银行存款　　　　　10

4.4.13 缴纳以前期间未交增值税的会计处理举例

例 4-19：某企业缴纳以前期间未缴的增值税 10 万元，通过网上银行直接缴纳，企业会计处理如下：

借：应交税费——未交增值税　　　10

　贷：银行存款　　　　　10

4.4.14 预缴增值税的账务处理

企业预缴增值税，需要在发生时，先通过“应交税费——预缴增值税”会计科目进行过渡，待到月末再进行结转。

例 4-20：某企业本月发生预交增值税 3 万元，会计处理如下：

借：应交税费——预缴增值税　3

　贷：银行存款　3

月末企业会计处理如下：

借：应交税费——未交增值税　3

　贷：应交税费——预缴增值税　3

4.4.15 月末转出未交增值税的账务

例 4-21：某企业本月应交未交的增值税为 1 万元，月度终了，企业应当对本月多交的或者应交未交的增值税进行处理。按照如下会计分录处理：

借：应交税费——应交增值税（转出未交增值税）　1

　贷：应交税费——未交增值税　1

第3编

手把手从零开始学办税

第5章

增值税办税基本流程

本章将介绍自企业工商登记开始的通用办税流程，如果涉及小规模纳税人与一般纳税人在办理内容、程序、所需资料等方面不一样的情况，本章仅介绍小规模纳税人的情况，由于一般纳税人的涉税事项办理、纳税申报表较为复杂，一般纳税人的内容详见第6章。

5.1 拿到“三证合一”之后该去办什么

2015年10月1日起，“三证合一、一照一码”登记制度在全国全面推行。改革后，新设立的企业只需要到工商部门领取带有“统一社会信用代码”的营业执照即可，无需再次进行税务登记，也不用再领取税务登记证。但是很多新设立的企业、创业者并不清楚拿到“一照一码”登记证件后，还需到税务机关办理后续手续。

那么，取得“一照一码”的登记证件后，还需要到税务机关做些什么呢？

简单来说，还需要到税务机关办理3个事项：补充信息的采集、存款账户的报告、财务会计制度及核算软件的备案报告。这3个事项可以一次性办理，资料携带齐全的，当场就能办理完毕。

企业第一次到主管税务机关办理完上述业务后，就纳入常管理，可以申请领取使用发票了。但是需要注意的是，纳入正常管理之后，企业就必须按时进行纳税申报缴税了。

在实务工作中，有不少创业企业在取得“一照一码”的登记证件后的一段时间内，并没有发生业务，也尚未开展经营活动，这种情况下可以到发生实际业务需要申报缴税的时候再办理上述业务。

长时间未到税务机关办理涉税业务问题，国家税务总局明确表示：纳税人首次办理纳税申报或领用（代开）发票时，再对纳税人进行税（费）种的核定。税（费）种核定后，纳税人应当按照法律、法规规定，连续按期纳税申报。

【扩展阅读】到税务机关办事之前还需要提前办好什么

拿到“三证合一、一照一码”的证照之后，在到主管税务机关办理后续手续之前，还需要刻制公章、到商业银行开设对公账户、确认适用的会计准则等。

关于超过 30 天办理税务登记的问题，在实务工作中，有的企业反映一些基层税务机关仍沿用《中华人民共和国税收征收管理法》第 15 条、60 条规定，“纳税人自领取营业执照之日起 30 日内，应向税务机关申报办理税务登记。未按规定期限申报办理税务登记的，由税务机关责令限期整改，可以处 2 000 元以下的罚款；情节严重的，处 2 000 元以上 10 000 元以下的罚款。”并据此对自己进行处罚。

笔者认为，根据《国家税务总局关于落实“三证合一”登记制度改革的通知》（税总函〔2015〕482 号）规定：“新设立企业、农民专业合作社（以下统称‘企业’）领取由工商行政管理部门核发加载法人和其他组织统一社会信用代码（以下称统一代码）的营业执照后，无需再次进行税务登记，不再领取税务登记证。”由于领取“三证合一”执照无需再次进行税务登记，相关处罚依据的理论基础已不存在，笔者的意见也得到了税务机关的认可与支持。如果遇到被处罚的情况，可以向所在地上级税务机关投诉。

【扩展阅读】创业老板的登记地点的选择

一些创业者常常会面临办公地点、仓库地点、注册地点不一致的情形，甚至出现跨区域的情况，这时该如何选择注册地点？笔者在此特别提醒，为避免给日后的涉税问题埋下隐患，避免引起增值税专用发票等业务涉及不必要的风险，避免引起主管税务机关的"特别关注"，建议将上述地点保持一致，实在无法一致的，建议尽量不要跨区。

5.1.1 补充信息采集

已经领取"三证合一、一照一码"登记的企业，在办理涉税事宜时，需先完成补充信息的采集，即需采集办税人员、行业信息、会计核算方式、从业人数、会计制度等其他补充信息。

携带资料齐全的，可以当场办理完毕。

【扩展阅读】什么是税种登记

在对纳税人进行设立登记后，税务机关根据纳税人的生产经营范围及税法的有关规定，对纳税人的纳税事项和应税项目进行核定，即税种核定。

通俗来讲，税种核定就是主管税务机关对企业该缴什么税进行认定。一般来说，企业在国税需要缴纳的有增值税、企业所得税等，在地税需要缴纳个人所得税、印花税、城建税与教育费附加等。

5.1.2 存款账户账号报告

已经领取"三证合一、一照一码"登记的企业，需要向主管税务机关报告在银行或者其他金融机构开立的全部存款账户账号。

相关法律规定，企业应当自开立基本存款账户或者其他存款账户之日起 15 日内，向主管税务机关书面报告其全部账号；账户发生变化的，应当自发生变化之日起 15 日内，向主管税务机关书面报告变化情况。超过上述期限，有可能面临被处罚的情况。

携带资料齐全的，可以当场办理完毕。需携带的资料包括以下几种。

- 《纳税人存款账户账号报告表》（如图 5-1 所示）。
- 银行开户许可证或账户账号开立证明原件及复印件。

纳税人存款账户账号报告表

纳税人名称			纳税人识别号			
经营地址						
银行开户登记证号			发证日期		年 月 日	
账户性质	开户银行	账号	开户时间	变更时间	注销时间	备注
报告单位： 经办人： 法定代表人（负责人）： 报告单位（签章） 年 月 日			受理税务机关： 经办人： 负责人： 税务机关（签章） 年 月 日			

图 5-1 纳税人存款账户账号报告表

5.1.3 财务会计制度及核算软件备案报告

已经领取“三证合一、一照一码”登记的企业，应当自领取税务登记证件之日起 15 日内，将财务、会计制度或者财务、会计处理办法等信息报送税务机关备案。如果使用计算机记账的，还应在使用前将会计电算化系统的会计核算软件、使用说明书及有关资料报送主管税务机关备案。

携带资料齐全的，可以当场办理完毕。需携带的资料包括以下几种。

- 《财务会计制度及核算软件备案报告书》（如图 5-2 所示）。

- 纳税人财务、会计制度或纳税人财务、会计核算办法。
- 财务会计核算软件、使用说明书原件及复印件（使用计算机记账的纳税人）。

财务会计制度及核算软件备案报告书

纳税人名称		税务登记号	
资 料		名 称	备 注
1. 财务、会计制度			
2. 低值易耗品推销方法			
3. 折旧方法			
4. 成本核算方法			
5. 会计核算软件			
6. 会计报表			
办税员： 纳税人（公章） 报告日期：　年　月　日		受理人： 受理日期：　年　月　日	

注：从事生产、经营的纳税人应当自领取税务登记证件之日起 15 日内，将本表报送税务机关备案。

图 5-2 财务会计制度及核算软件备案报告书

《财务会计制度及核算软件备案报告书》填报说明如下。

• 低值易耗品摊销方法：包括一次摊销法、分期摊销法、五五摊销法。

• 折旧方法：包括直线折旧法（平均年限法、工作量法）、加速折旧法（双倍余额递减法、年数总和法、盘算法、重置法、偿债基金法和年金法等）；采用加速折旧法的，在备注栏注明批准的机关和附列资料。

• 成本核算方法：纳税人根据财务会计制度规定采用的具体的存货计价方法或产成品、半成品成本核算方法。

• 会计核算软件：采用电子计算机记账的，填写记账软件的名称和版本号，并在备注栏注明批准使用的机关和附列资料。

• 会计报表：包括资产负债表、利润表、现金流量表及各种附表，在“名称”栏按会计报表种类依次填写。

5.2 领取发票前，先问问自己要不要做“一般纳税人”

笔者接触过一些创业企业老板，他们办理税务登记的目的很明确：为了使用发票。但他们拿到税务登记证件之后，在领取发票的环节，面对众多种类发票的时候，却往往不知道该如何进行选择。

5.2.1 增值税发票都有哪几种

增值税发票按照是否需要通过防伪税控系统开具分为两大类：普通发票、增值税发票，如图 5-3 所示。

普通发票不需要通过防伪税控系统开具，如定额发票、手写发票、通用机打发票。主要适用于未达起征点的个体工商户，以及因特殊情况无法使用防伪税控系统的情形。对于营改增企业来说，一般只允许同时使用定额发票来应对特殊情况。本书暂不涉及营改增企业使用普通发票的情况，如实际情况特殊，请与主管税务机关联系。

增值税发票包括增值税普通发票和增值税专用发票两种，最明显的特征是发票的名称上带有增值税 3 个字，需要提供防伪税控系统（升级版）开具。营改增企业一般都使用这种发票。

此外，增值税还有一些特定行业的发票，如机动车销售统一发票等。

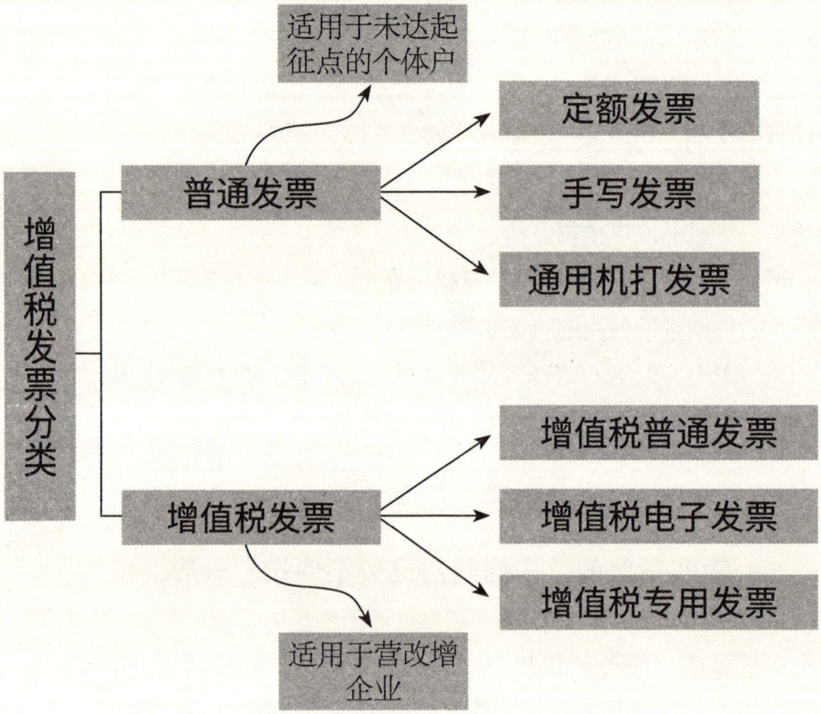

图 5-3 增值税发票分类

【扩展阅读】增值税电子普通发票

增值税电子普通发票主要区别于传统纸质发票，是通过增值税发票系统升级版开具、上传，通过电子发票服务平台查询、下载的电子增值税普通发票。

由于目前实行电子发票的还只是增值税普通发票，没有增值税专用发票，不能用于抵扣，对于需要进项抵扣的企业，仍使用纸质的增值税专用发票。

根据国家税务总局的公告（《关于推行通过增值税电子发票系统开具的增值税电子普通发票有关问题的公告》公告 2015 年第 84 号），开票方和受票方如需纸质发票，可自行打印版式文件，其法律效力、基本用途和基本使用规定等与税务机关监制的增值税普通发票相同。增值税电子普通发票票样如图 5-4 所示。

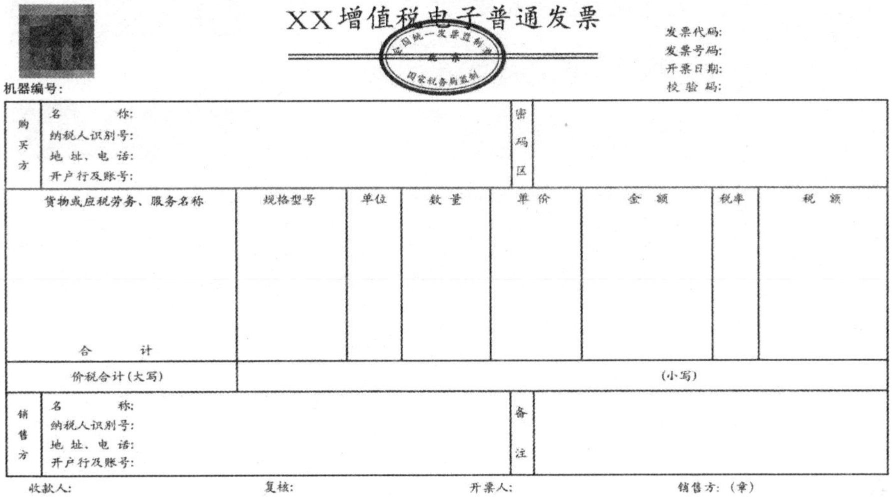

XX增值税电子普通发票

机器编号：

发票代码：
发票号码：
开票日期：
校验码：

购买方	名称： 纳税人识别号： 地址、电话： 开户行及账号：	密码区	

货物或应税劳务、服务名称	规格型号	单位	数量	单价	金额	税率	税额
合计							
价税合计（大写）	（小写）						

销售方	名称： 纳税人识别号： 地址、电话： 开户行及账号：	备注	

收款人： 复核： 开票人： 销售方：（章）

图 5-4 增值税电子普通发票票样

5.2.2 增值税发票该怎么选

营改增企业，无论是小规模纳税人还是一般纳税人，都需要使用防伪税控系统（升级版）开具的增值税发票，但具体使用“增值税普通发票”还是“增值税专用发票”大有不同，跟纳税人的“身份”有关，如图 5-5 所示。

- 小规模纳税人：增值税普通发票、增值税电子普通发票。
- 一般纳税人：增值税普通发票、增值税电子普通发票、增值税专用发票。

如果选择使用增值税专用发票，就必须登记为一般纳税人；如果是小规模纳税人需要开具增值税专用发票，就需要到税务机关代开。

注：该项政策自 2016 年 8 月 1 日起有所放松，依据《关于部分地区开展住宿业增值税小规模纳税人自开增值税专用发票试点工作有关事项的公告》（国家税务总局公告 2016 年第 44 号）：全国 91 个试点城市的住宿业增值税小规模纳税人可以自行开具增值税专用发票。也就是说，如果是在 91 个试点城市中的任一城市从事住宿业，无论是小规模纳税人还是一般纳税人，都可以自行开具增值税专用发票。

其他更多关于小规模纳税人和一般纳税人的区别，请参考本书第 2 章。

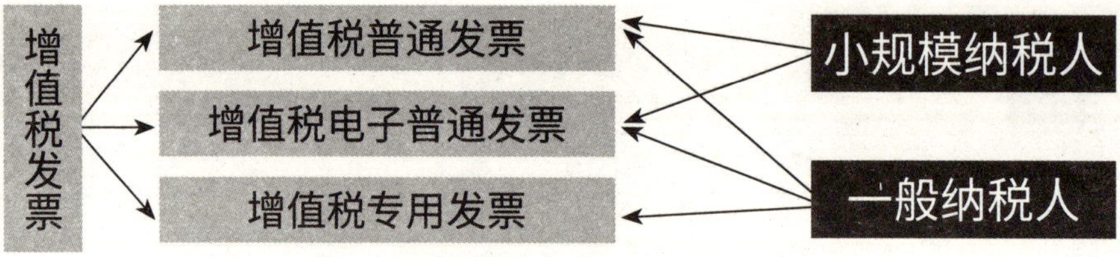

图 5-5 不同纳税人身份能够领取发票的类型

在实务工作中，很多创业企业老板会这样询问：总是听到“升级版”，但是并不是很了解到底是怎么回事。

营改增企业开具增值税发票的系统称为：增值税发票系统升级版，一般简称“升级版”。“升级”是对以前的增值税防伪税控系统、货物运输业增值税专用发票税控系统、稽核系统以及税务数字证书系统等进行的整合升级完善。增值税发票系统升级版纳税人端税控设备包括金税盘和税控盘（以下统称专用设备）。

一般情况下，应在互联网连接状态下在线使用增值税发票系统升级版开具发票，增值税发票系统升级版可自动上传已开具的发票明细数据。如果遇上网络故障等特殊情况，税务机关可以设定离线开票时限和离线开具发票总金额，在其范围内仍可开票，超限范围则将无法开具发票。如果开具发票的次月仍未连通网络上传已开具发票明细数据的，也将无法开具发票。纳税人需连通网络上传发票数据后方可开票，若仍无法连通网络的，需携带专用设备到税务机关进行征期报税或非征期报税后方可开票。

一般情况下，企业应在纳税申报期内将上月开具发票汇总情况通过增值税发票系统升级版进行网络报税。如遇特殊情况无法使用网络报税，需携带专用设备和相关资料到税务机关进行报税。

具体政策可以查看《国家税务总局关于推行增值税发票系统升级版有关问题的公告》（国家税务总局公告 2014 年第 73 号）和《国家税务总局关于全面推行增值税发票系统升级版有关问题的公告》（国家税务总局公告〔2015〕19 号）。

5.3 第一次领发票

税务信息补充之后，企业就可以申请领取并使用发票了。第一次领取发票时主要涉及以下业务。

1. 票种核定

税务机关核定使用的票种、发票用量、最高开票限额、离线开票时间、离线开票限额等内容。

2. 税控设备发行

企业购买金税盘或者税控盘。

3. 领取发票

企业在办事服务厅领取发票。

4. 安装税控程序

企业购买税控设备之后，需要到服务单位（一般是航天信息有限公司和百旺金赋信息科技有限公司）对升级版进行安装。服务单位技术人员接到发行后的金税盘或者税控盘后，进行安装、调试、读盘验证发票。

升级安装及调试工作完成后，企业通过进入开票系统、发票查询结果等进行测试。在日常使用中遇到问题时都可以与服务单位进行联系。

票种核定是指税务机关依据增值税纳税人的申请，核定其使用增值税税控系统开具的发票种类（包括增值税专用发票、货物运输业增值税专用发票、增值税普通发票及机动车销售统一发票）、单次（月）领用数量及增值税普通发票、机动车销售统一发票的最高开票限额。

资料携带齐全、填写内容完整的情况下，办税服务厅于 5 个工作日内办理完毕上述手续，然后通知企业领取《发票领用簿》，在领用簿上打印领用记录，将实物发票交给企业。企业具体需要携带的资料包括以下几种。

- 《纳税人领用发票票种核定表》。
- 税务登记（“三证合一，一照一码”）证件。
- 经办人身份证明原件及复印件。
- 发票专用章印模（首次申请发票票种核定时提供）。

5.4 使用增值税普通发票时的注意事项

一般情况下，营改增小规模企业需领取增值税普通发票，甚至一些一般纳税人也需要领取增值税普通发票。尽管增值税普通发票的管理没有增值税专用发票那么苛刻，但仍有需要注意的事项。笔者结合企业在实务工作中咨询较多的问题，简单介绍一下企业在开具增值税普通发票时需要注意的事项。

5.4.1 开票时的注意事项

企业在开具增值税普通发票时，需注意以下事项。

（1）购买方信息。如果购买方是有税号的单位和个体工商户，那么“购买方”栏的“名称”“纳税人识别号”是必填项，如果没税号，“名称”为必填项，其他项目可根据实际需要填写。

（2）要选择相应的编码。为了避免每次开票时都要选择编码的麻烦，可以预先在系统内对编码进行初始化设置，使编码不出现在票面上，但是会随开票信息一并上传税务机关。

（3）“金额”栏应填写不含税金额，如果不能准确换算不含税金额，也可以在系统里选择“含税金额”选项填入收取的含税收入，系统会自动换算为不含税金额，“价税合计”栏为系统自动算出，应等于含税收入。

（4）“规格型号”“单位”“数量”“单价”栏应按实际业务填写，无此项目则可不填。“收款人”“复核”栏可按实际需要填写。

（5）发票打印之后，应加盖发票专用章。

企业如遇到折扣的情况，必须将折扣开在同一张发票上。根据《财政部 国家税务总局关于全面推开营业税改征增值税试点的通知》（财税〔2016〕36号）规定：纳税人发生应税行为，将价款和折扣额在同一张发票上分别注明的，以折扣后的价款为销售额；未在同一张发票上分别注明的，以价款为销售额，不得扣减折扣额。

5.4.2 该作废还是开具红字发票

在实际工作中，企业经常会遇到开票错误、销货退回等情况，这时，究竟是该作废发票，还是应该开具红字发票进行冲销（“红冲”）？简单来说，看该份发票有没有进入到税务局，如果还没有就可以收回全部联次并予以作废，如果已经进入税务局，就只能“红冲”了——对开票企业来说，该份发票有没有抄税，对购买企业来说，该份发票有没有被认证。由于一般情况都是按月进行抄税，因此在实际工作中很多人都将其简化理解为发票有没有跨月——当月的发票收回作废，跨月的发票进行红冲。

发票作废：当月开具、未抄税且未认证的发票可以进行作废处理（专用发票和普通发票操作方法一致）。

发票冲红：跨月的、当月开具但已抄税或被购方认证的发票不能作废，需开具红字发票。

根据《国家税务总局关于全面推行增值税发票系统升级版有关问题的公告》（国家税务总局公告 2015 年第 19 号）规定："纳税人需要开具红字增值税普通发票的，可以在所对应的蓝字发票金额范围内开具多份红字发票。"因此，增值税普通发票红字冲减不需要到税务机关申请开具相关表单，也可以不必全部冲减，而只冲减部分的金额。

5.5 小规模纳税人申报

在实务工作中，笔者遇到过很多创业企业在注册公司之后，对纳税申报毫无概念，根本不知道需要进行"申报"，或者认为自己的公司还没有营业，没有发生业务，所以不需要"申报"，甚至有的创业者因此而受到税务机关的处罚。

5.5.1 为什么申报比缴税还重要

纳税申报，是指纳税人按照税法规定的期限和内容向税务机关提交有关纳税事项书面报告的法律行为，是纳税人履行纳税义务、承担法律责任的主要依据，是税务机关税收管理信息的主要来源和税务管理的一项重要制度。企业无论是否取得收入，都要进行纳税申报；享受减税、免税待遇的，也应当按照规定办理纳税申报。

如果未按照规定的期限办理纳税申报和报送纳税资料的，税务机关会责令企业限期改正，并处以罚款。

小规模纳税人月销售额（不含税）不超过 3 万元（按季度缴纳的，季度销售额为 9 万元），免征增值税，但是仍需要进行申报，依据为国家税务总局公告 2016 年第 23 号："增值税小规模纳税人应分别核算销售货物，提供加工、修理修配劳务的销售额，和销售服务、无形资产的销售额。增值税小规模纳税人销售货物，提供加工、修理修配劳务月销售额不超过3万元（按季缴税的，季度销售额9万元），销售服务、无形资产月销售额不超过3万元（按季缴税的，季度销售额9万元）的，自2016年5月1日起至2017年12月31日，可分别享受小微企业暂免征收增值税优惠政策。”

5.5.2 小规模纳税人申报流程和期限

小规模纳税人申报按照如下流程进行申报。其中，按季申报的小规模纳税人，在非申报月份只需进行第一步和第三步；第二步申报操作只需要在申报期进行，即1月、4月、7月和10月；第一步和第三步每个月都需要进行。

1. 抄报税

企业在征期内登录开票软件抄税，并通过网上抄报或办税厅抄报，向税务机关上传上月开票数据。

2. 纳税申报

纳税人登录网上申报软件进行网上申报，网上申报成功后通过税银联网实时扣缴税款。

3. 清零解锁

申报成功后，纳税人返回开票系统对税控设备进行清零解锁。

纳税申报期，在实务工作中也常被称为“例征期”，一般为次月1日起至15日止，遇最后一日为法定节假日的，顺延1日；在每月1日至15日内有连续3日以上法定休假日的，按休假日天数顺延。具体申报截止日期可以通过当地国家税务局网站查看征期日历。企业需要在例征期内申报上一个月（或者季度）的增值税申报表及相关涉税资料。

5.5.3 小规模纳税人申报表的填写示例

申报资料中，纳税申报表及其附列资料为必报资料。纳税申报其他资料的报备要求由各省、自治区、直辖市和计划单列市国家税务局确定。

小规模纳税人按照是否超过了3万元（按季缴税的，季度销售额9万元），以及是否到税务机关代开了增值税专用发票分为以下4种不同的填写情况。

1. 第一种情况：季度销售额不超过9万元、自行开具增值税普通发票

例5-1：某小规模纳税人，1月应税销售额为3万元，2月应税销售额为4万元，

3 月应税销售额为 1 万元，全部为自行开具发票。

分析：该小规模纳税人本季度应税销售额为 8 万元，应纳税额 =8×3%=0.24 万元，由于没超过季度应税销售额 9 万元免税的标准，免征增值税 0.24 万元；全部为自行开具增值税普通发票，申报表填写如图 5-6 所示：

增值税纳税申报表
（小规模纳税人适用）

纳税人识别号：□□□□□□□□□□□□□□□□□□□□
纳税人名称（公章）：　　　　　　　　　　　　　　　　金额单位：元至角分
税款所属期：　年　月　日至　年　月　日　　　　　　填表日期：　年　月　日

<table>
<tr><td rowspan="2"></td><td rowspan="2">项目</td><td rowspan="2">栏次</td><td colspan="2">本期数</td><td colspan="2">本年累计</td></tr>
<tr><td>货物及劳务</td><td>服务、不动产和无形资产</td><td>货物及劳务</td><td>服务、不动产和无形资产</td></tr>
<tr><td rowspan="14">一、计税依据</td><td>（一）应征增值税不含税销售额（3% 征收率）</td><td>1</td><td></td><td></td><td></td><td></td></tr>
<tr><td>税务机关代开的增值税专用发票不含税销售额</td><td>2</td><td></td><td></td><td></td><td></td></tr>
<tr><td>税控器具开具的普通发票不含税销售额</td><td>3</td><td></td><td></td><td></td><td></td></tr>
<tr><td>（二）应征增值税不含税销售额（5% 征收率）</td><td>4</td><td>——</td><td></td><td>——</td><td></td></tr>
<tr><td>税务机关代开的增值税专用发票不含税销售额</td><td>5</td><td>——</td><td></td><td>——</td><td></td></tr>
<tr><td>税控器具开具的普通发票不含税销售额</td><td>6</td><td>——</td><td></td><td>——</td><td></td></tr>
<tr><td>（三）销售使用过的固定资产不含税销售额</td><td>7（7≥8）</td><td></td><td>——</td><td></td><td>——</td></tr>
<tr><td>其中：税控器具开具的普通发票不含税销售额</td><td>8</td><td></td><td>——</td><td></td><td>——</td></tr>
<tr><td>（四）免税销售额</td><td>9=10+11+12</td><td>80，000.00</td><td></td><td></td><td></td></tr>
<tr><td>其中：小微企业免税销售额</td><td>10</td><td>80，000.00</td><td></td><td></td><td></td></tr>
<tr><td>未达起征点销售额</td><td>11</td><td></td><td></td><td></td><td></td></tr>
<tr><td>其他免税销售额</td><td>12</td><td></td><td></td><td></td><td></td></tr>
<tr><td>（五）出口免税销售额</td><td>13（13≥14）</td><td></td><td></td><td></td><td></td></tr>
<tr><td>其中：税控器具开具的普通发票销售额</td><td>14</td><td></td><td></td><td></td><td></td></tr>
<tr><td rowspan="4">二、税款计算</td><td>本期应纳税额</td><td>15</td><td></td><td></td><td></td><td></td></tr>
<tr><td>本期应纳税额减征额</td><td>16</td><td></td><td></td><td></td><td></td></tr>
<tr><td>本期免税额</td><td>17</td><td>2，400.00</td><td></td><td></td><td></td></tr>
<tr><td>其中：小微企业免税额</td><td>18</td><td>2，400.00</td><td></td><td></td><td></td></tr>
</table>

图 5-6 例 5-1 申报表填写

（续表）

	项目	栏次	本期数		本年累计	
			货物及劳务	服务、不动产和无形资产	货物及劳务	服务、不动产和无形资产
二、税款计算	应纳税额合计	20=15-16				
	本期预缴税额	21			——	——
	本期应补（退）税额	22=20-21			——	——
纳税人或代理人声明：	如纳税人填报，由纳税人填写以下各栏：					
本纳税申报表是根据国家税收法律法规及相关规定填报的，我确定它是真实的、可靠的、完整的。	办税人员：　　财务负责人： 法定代表人：　　联系电话：					
	如委托代理人填报，由代理人填写以下各栏					
	代理人名称（公章）：　　经办人： 联系电话：					

主管税务机关：　　接收人：　　接收日期：

图 5-6 例 5-1 申报表填写（续）

2. 第二种情况：季度销售额不超过 9 万元、到主管税务机关代开增值税专用发票

例 5-2：某小规模纳税人，1 月应税销售额为 3 万元，2 月应税销售额为 4 万元，3 月应税销售额为 1 万元，其中 5 万元为自行开具增值税普通发票，3 万元为国税机关代开专用发票。

分析：该小规模纳税人本季度应税销售额为 8 万元，不超过季度应税销售额 9 万元免税的标准，免征增值税。其中 5 万元为自行开具增值税普通发票，应纳税额 =5×3%=0.15 万元，免征；其中 3 万元为代开增值税专用发票，代开时已缴税 =3×3%=0.09 万元，申报表填写如图 5-7 所示：

增值税纳税申报表
（小规模纳税人适用）

纳税人识别号：□□□□□□□□□□□□□□□□□□□□□□□□□□□
纳税人名称（公章）：　　金额单位：元至角分
税款所属期：　年　月　日至　年　月　日　　填表日期：　年　月　日

	项目	栏次	本期数		本年累计	
			货物及劳务	服务、不动产和无形资产	货物及劳务	服务、不动产和无形资产
一、计税依据	（一）应征增值税不含税销售额（3% 征收率）	1	30，000.00			
	税务机关代开的增值税专用发票不含税销售额	2	30，000.00			
	税控器具开具的普通发票不含税销售额	3				

图 5-7 例 5-2 申报表填写

（续表）

	项目	栏次	本期数		本年累计	
			货物及劳务	服务、不动产和无形资产	货物及劳务	服务、不动产和无形资产
一、计税依据	（二）应征增值税不含税销售额（5% 征收率）	4	——		——	
	税务机关代开的增值税专用发票不含税销售额	5	——		——	
	税控器具开具的普通发票不含税销售额	6	——		——	
	（三）销售使用过的固定资产不含税销售额	7（7 ≥ 8）		——		——
	其中：税控器具开具的普通发票不含税销售额	8		——		——
	（四）免税销售额	9=10+11+12	50，000.00			
	其中：小微企业免税销售额	10	50，000.00			
	未达起征点销售额	11				
	其他免税销售额	12				
	（五）出口免税销售额	13（13 ≥ 14）				
	其中：税控器具开具的普通发票销售额	14				
二、税款计算	本期应纳税额	15	900.00			
	本期应纳税额减征额	16				
	本期免税额	17	1，500.00			
	其中：小微企业免税额	18	1，500.00			
	未达起征点免税额	19				
	应纳税额合计	20=15-16	900.00			
	本期预缴税额	21	900.00		——	——
	本期应补（退）税额	22=20-21			——	——

纳税人或代理人声明：	如纳税人填报，由纳税人填写以下各栏：
本纳税申报表是根据国家税收法律法规及相关规定填报的，我确定它是真实的、可靠的、完整的。	办税人员：　　财务负责人： 法定代表人：　　联系电话：
	如委托代理人填报，由代理人填写以下各栏
	代理人名称（公章）：　　经办人： 联系电话：

主管税务机关：　　接收人：　　接收日期：

图 5-7　例 5-2 申报表填写（续）

3. 第三种情况：季度销售额超过 9 万元、自行开具增值税普通发票

例 5-3：某小规模纳税人，1 月应税销售额为 3 万元，2 月应税销售额为 4 万元，3 月应税销售额为 3 万元。本季度应税销售额为 10 万元，全部为自行开具普通发票。

分析：该小规模纳税人本季度应税销售额为 10 万元，已经超过季度应税销售额 9 万元免税的标准，应纳税额 =10×3%=0.3 万元，申报表填写如图 5-8 所示：

增值税纳税申报表

（小规模纳税人适用）

纳税人识别号：□□□□□□□□□□□□□□□□□□□□□□□□□

纳税人名称（公章）：　　　　　　　　　　　　　　　　　　　金额单位：元至角分

税款所属期：　年　月　日至　年　月　日　　　　　　　　　填表日期：　年　月　日

	项目	栏次	本期数		本年累计	
			货物及劳务	服务、不动产和无形资产	货物及劳务	服务、不动产和无形资产
一、计税依据	（一）应征增值税不含税销售额（3% 征收率）	1	100，000.00			
	税务机关代开的增值税专用发票不含税销售额	2				
	税控器具开具的普通发票不含税销售额	3	100，000.00			
	（二）应征增值税不含税销售额（5% 征收率）	4	——		——	
	税务机关代开的增值税专用发票不含税销售额	5	——		——	
	税控器具开具的普通发票不含税销售额	6	——		——	
	（三）销售使用过的固定资产不含税销售额	7（7 ≥ 8）		——		——
	其中：税控器具开具的普通发票不含税销售额	8		——		——
	（四）免税销售额	9=10+11+12				
	其中：小微企业免税销售额	10				
	未达起征点销售额	11				
	其他免税销售额	12				
	（五）出口免税销售额	13（13 ≥ 14）				
	其中：税控器具开具的普通发票销售额	14				
二、税款计算	本期应纳税额	15	3，000.00			
	本期应纳税额减征额	16				
	本期免税额	17				
	其中：小微企业免税额	18				
	未达起征点免税额	19				
	应纳税额合计	20=15-16	3，000.00			
	本期预缴税额	21			——	——
	本期应补（退）税额	22=20-21	3，000.00		——	——

图 5-8 例 5-3 申报表填写

（续表）

	项目	栏次	本期数		本年累计	
			货物及劳务	服务、不动产和无形资产	货物及劳务	服务、不动产和无形资产
纳税人或代理人声明：	如纳税人填报，由纳税人填写以下各栏：					
本纳税申报表是根据国家税收法律法规及相关规定填报的，我确定它是真实的、可靠的、完整的。	办税人员：　财务负责人： 法定代表人：　联系电话：					
	如委托代理人填报，由代理人填写以下各栏					
	代理人名称（公章）：　经办人： 联系电话：					

主管税务机关：　　接收人：　　接收日期：

图 5-8 例 5-3 申报表填写（续）

4. 第四种情况：季度销售额超过 9 万元、到主管税务机关代开增值税专用发票

例 5-4：某小规模纳税人，1 月应税销售额为 3 万元，2 月应税销售额为 4 万元，3 月应税销售额为 3 万元。本季度应税销售额为 10 元，其中 7 万元为自行开具发票，3 万元为国税机关代开专用发票。

分析：该小规模纳税人本季度应税销售额为 10 万元，已经超过季度应税销售额 9 万元免税的标准，应纳税额 =10×3%=0.3 万元。其中 3 万元为代开增值税专用发票，代开时已缴税 =3×3%=0.09 万元，不需要重复缴税；本期应缴税 =0.3 － 0.09=0.21 万元，申报表填写如图 5-9 所示：

增值税纳税申报表

（小规模纳税人适用）

纳税人识别号：□□□□□□□□□□□□□□□□□□□□□□□□□

纳税人名称（公章）：　　金额单位：元至角分

税款所属期：　年　月　日至　年　月　日　　填表日期：　年　月　日

	项目	栏次	本期数		本年累计	
			货物及劳务	服务、不动产和无形资产	货物及劳务	服务、不动产和无形资产
一、计税依据	（一）应征增值税不含税销售额（3% 征收率）	1	100，000.00			
	税务机关代开的增值税专用发票不含税销售额	2	30，000.00			
	税控器具开具的普通发票不含税销售额	3	70，000.00			
	（二）应征增值税不含税销售额（5% 征收率）	4	——		——	

图 5-9 例 5-4 申报表填写

（续表）

	项目	栏次	本期数		本年累计	
			货物及劳务	服务、不动产和无形资产	货物及劳务	服务、不动产和无形资产
一、计税依据	税务机关代开的增值税专用发票不含税销售额	5	——		——	
	税控器具开具的普通发票不含税销售额	6	——		——	
	（三）销售使用过的固定资产不含税销售额	7（7≥8）		——		——
	其中：税控器具开具的普通发票不含税销售额	8		——		——
	（四）免税销售额	9=10+11+12				
	其中：小微企业免税销售额	10				
	未达起征点销售额	11				
	其他免税销售额	12				
	（五）出口免税销售额	13（13≥14）				
	其中：税控器具开具的普通发票销售额	14				
二、税款计算	本期应纳税额	15	3，000.00			
	本期应纳税额减征额	16				
	本期免税额	17				
	其中：小微企业免税额	18				
	未达起征点免税额	19				
	应纳税额合计	20=15-16	3，000.00			
	本期预缴税额	21	900.00		——	——
	本期应补（退）税额	22=20-21	2，100.00		——	——

纳税人或代理人声明：	如纳税人填报，由纳税人填写以下各栏：
本纳税申报表是根据国家税收法律法规及相关规定填报的，我确定它是真实的、可靠的、完整的。	办税人员： 财务负责人： 法定代表人： 联系电话：
	如委托代理人填报，由代理人填写以下各栏
	代理人名称（公章）： 经办人： 联系电话：

主管税务机关： 接收人： 接收日期：

图 5-9 例 5-4 申报表填写

【扩展阅读】网上办税的新选择

随着互联网技术和手机网络技术的快速发展，国务院简政放权、打造服务型政府的不断深入，国家税务总局提出“互联网 + 税务”，全国不少省市都推出了网上办税、微信办税、手机 App 移动等方式多样的办税服务。

通过网上办税，企业可以免去到办税服务厅的奔波、排队之苦，节约了时间和成本，创业企业可以集中精力处理创业问题，利用碎片时间来完成网上认证、网上抄报税、网上申报、网上缴税、开具电子税票等各种涉税事宜。甚至有的地区还实现了网上行政审批等功能。

具体如何使用网上办税功能，网上可以办理哪些涉税业务，以及是否需要收取费用等，需要咨询当地主管税务机关。

5.6 如何合法代开增值税专用发票

小规模企业在实际经营中，经常会遇到客户要求开具增值税专用发票的要求，但作为小规模纳税人，只能开具增值税普通发票。部分缺乏财税知识的创业者甚至因此打起了购买发票的主意，让自己不经意间就触犯了刑法。其实开具增值税专用发票的合法途径很简单——到主管税务机关代开增值税专用发票即可。

相关政策规定：已办理税务登记的小规模纳税人（包括个体经营者）以及国家税务总局确定的其他可予代开增值税专用发票的纳税人发生增值税应税行为、需要开具增值税专用发票时，可向其主管税务机关申请代开。

营业税改征增值税的小规模纳税人提供应税服务，接受方索取增值税专用发票的，可以向主管税务机关申请代开。

企业申请代开增值税专用发票时，需要携带税务登记证副本，到主管国税局填写《代开增值税专用发票缴纳税款申报单》，先按增值税专用发票上注明的税额全额申报缴纳税款。税务机关确认纳税人已按申报单上的税额缴纳税款后，为纳税人代开增值税专用发票，同时在其报送的申报单上注明发票代码、发票号码，加盖印章。增值税纳税人应在代开专用发票的备注栏上，加盖本单位的发票专用章。

但是，不动产销售需要到不动产所在地地税局代开增值税专用发票。2016 年 5 月 1 日起，增值税小规模纳税人销售其取得的不动产以及其他个人出租不动产，购买方或承租方不属于其他个人的，纳税人缴纳增值税后可以向地税局申请代开增值税专用发票。

但是企业为房地产小规模纳税人的，销售自行开发的房地产项目，购买方需要增值税专用发票的，小规模纳税人可向主管国税机关申请代开。

5.7 特殊业务的办理

以下涉税业务并非日常经常发生的业务，但是仍有不少企业在生产经营中不时会遇到，如果未按照相关规定办理业务，则有可能会在无意中违法。

5.7.1 税务登记证遗失补办

企业遗失税务登记证件的，应当自遗失税务登记证件之日起 15 日内，书面报告主管税务机关，如实填写《税务证件挂失报告表》（自主填表，无需报送），并将纳税人或扣缴义务人的名称、税务登记证件名称、税务登记证件号码、税务登记证件有效期、发证机关名称、发证日期在税务机关认可的报刊上作遗失声明，凭报刊上刊登的遗失声明向主管税务机关申请补办税务登记证件。

5.7.2 登记变更

登记变更根据变更内容的不同，分为需要到工商部门变更的，需要到税务部门变更的。

企业登记信息发生变更（除生产经营地、财务负责人、核算方式等信息外），需向工商机关办理变更登记，工商机关核准后将变更信息直接传递给税务机关，企业不需要再到税务部门办理变更。

企业变更内容如果是涉及《纳税人补充信息表》和生产经营地、财务负责人、核算方式等信息的，需要向主管税务机关申请变更。

5.7.3 外出经营业务

很多营改增企业，特别是建筑安装类企业，存在到外地生产经营的情况，但是很多企业对外出经营并不了解，以致无意中违反了相关法律法规。

企业到外县（市）临时从事生产经营活动的，应当在外出生产经营之前，持税务登记证到主管税务机关开具《外出经营活动税收管理证明》（以下简称《外管证》）。

《外管证》按照“一地一证”的原则发放，有效期限一般为30日，最长不得超过180天。在同一地累计超过180天的，应当在营业地办理税务登记手续。企业应当在《外管证》注明地进行生产经营前向当地税务机关报验登记。自《外出经营活动税收管理证明》签发之日起30日内未办理报验登记的，所持证明作废，企业需要回原籍向税务机关重新申请开具。

外出经营活动结束时，应当向经营地税务机关填报《外出经营活动情况申报表》，并结清税款、缴销发票。企业应当在《外管证》有效期届满后10日内，持《外管证》回原税务登记地税务机关办理《外管证》缴销手续。

1. 外出前，开具《外出经营活动税收管理证明》

纳税人到外县（市）临时从事生产经营活动的，应当在外出生产经营之前，持税务登记证向主管税务机关申请开具《外出经营活动税收管理证明》。需要报送下列资料。

- 税务登记证副本。
- 外出经营活动情况说明。
- 建筑安装行业的纳税人还应提供外出经营合同原件及复印件。

2. 外出中，到经营地报验登记

临时到外县（市）从事生产经营活动的纳税人，持所在地主管税务机关出具的《外出经营活动税收管理证明》向经营地税务机关办理报验登记，并接受经营地税务机关的管理。

纳税人应当于外出经营开始前，持《外出经营活动税收管理证明》向外出经营地税务机关报验登记，并接受经营地税务机关的管理；自《外出经营活动税收管理证明》签发之日起30日内未办理报验登记的，所持证明作废，纳税人需要向税务机关重新申请开具。企业需要向外出地报送下列资料。

纳税人在报验登记时需提供以下资料。

- 《外出经营活动税收管理证明》。
- 税务登记证副本。
- 建筑安装行业的纳税人还应提供外出经营合同原件及复印件。

报验登记完毕

对已报验登记跨省、自治区、直辖市经营纳税人，税务机关依据其申请核定其使用发票种类、单次（月）领用数量和开票限额。需要报送下列资料。

•《纳税人领用发票票种核定表》。

•《外出经营活动税收管理证明》。

•经办人身份证明原件及复印件（首次办理或经办人发生变化时提供）。

•发票专用章印模。

办税服务厅在5个工作日内，通知纳税人领取《发票领用簿》，需要办理担保的，收取不超过1万元的保证金或要求提供保证人；审核未通过的，税务机关需要出具《税务事项通知书》。

需要注意的是，外出经营活动结束时，需要及时到税务机关办理发票验旧和缴销手续。

3. 结束时，外出经营活动情况申报

企业外出经营活动结束时，应当向经营地税务机关填报《外出经营活动情况申报表》，并结清税款、缴销发票。

跨地区经营的项目部（包括二级以下分支机构管理的项目部）不能向项目所在地主管税务机关出具总机构所在地主管税务机关开具的《外出经营活动税收管理证明》，应作为独立纳税人就地缴纳企业所得税。

外省、自治区、直辖市来本辖区从事临时经营活动的单位和个人申请领用发票时提供了保证人或者缴纳了保证金的，在按期缴销发票后，解除保证人的担保义务或者退还保证金；未按期缴销发票的，由保证人或者以保证金承担法律责任，由保证人缴纳罚款或者以保证金缴纳罚款。企业到经营地办税服务厅报送以下资料，资料齐全，无未办结事项的，可当场办理完毕。

•《外出经营活动情况申报表》。

•未验旧、未使用完的发票。

如确认下列事项已办理完毕，即缴销发票，无欠缴税金，不存在未解除的发票担保信息，则准予核销报验登记，办税服务厅人员在《外出经营活动情况申报表》上签名并加盖业务专用章，一份返还纳税人。

4. 结束后，缴销《外出经营活动税收管理证明》

企业在《外出经营活动税收管理证明》有效期届满后10日内，持《外出经营活动税收管理证明》回原税务登记地税务机关办理缴销手续。需报送以下资料。

•原开具的《外出经营活动税收管理证明》。

•在经营地已缴纳税款的，还应提供相关完税证明。

第6章

一般纳税人办税流程

一般纳税人对于国税机关来说，有着非同寻常的意义，因此也是管理关注的重点。在2015年4月之前，一般纳税人身份的获得，都有着严格的审批程序，甚至有些地方的国税机关有一般纳税人资格认定小组，认定前需要实地调查各项资料。尽管经历了多次“简政放权”，相关手续已经简化，但是国税机关并未放松对一般纳税人的管理。因此，一般纳税人企业需要更加注意相关涉税事项的办理。

6.1 如何成为一般纳税人

成为一般纳税人的方式有两种，一种是主动，一种是被动。前者是企业要求自身登记为一般纳税人；后者是当企业销售额达到一般纳税人登记标准后，必须主动到主管税务机关办理相关手续。

6.1.1 直接登记为一般纳税人的办理

国家税务总局发布的《关于调整增值税一般纳税人管理有关事项的公告》（国家税务总局公告2015年第18号），取消了原来的行政审批程序，变一般纳税人资格为“登记制”，即纳税人递交的登记资料信息在核对确认无误后，即可取得一般纳税人资格。办理一般纳税人资格登记需提供如下资料，资料齐全的，可当场办理完毕。

- 纳税人向主管税务机关填报《增值税一般纳税人资格登记表》。
- 税务登记证件。

如果企业在成立之初，或者在经营过程中想获得一般纳税人资格，直接到主管税务机关申请即可。

6.1.2 销售额超过一般纳税人标准的办理

纳税人年应税销售额超过规定标准的，（这里的“年”销售额指的是：连续 12 个月内，而非会计年度。这里的“销售额”指的是：包含免税销售收入的销售额。这里的“标准”指的是：工业 50 万元、商业 80 万元、营改增 500 万元。）在申报期结束后 20 个工作日内按照规定办理相关手续。

销售额超过一般纳税人标准的企业需要在 20 个工作日内办理一般纳税人登记手续。如果纳税人是除个体工商户以外的其他个人、非企业性单位、不经常发生应税行为的企业，可以不登记为一般纳税人，继续选择按小规模纳税人纳税。

如果未按规定时限办理的，会收到主管税务机关的《税务事项通知书》，提醒纳税人年应税销售额已超过财政部、国家税务总局规定标准，请于具体期限前向主管税务机关办理一般纳税人资格登记或提交选择按小规模纳税人纳税的情况说明，逾期仍不办理的，将按《中华人民共和国增值税暂行条例实施细则》第三十四条规定，按销售额依照增值税税率计算应纳税额，不得抵扣进项税额，也不得使用增值税专用发票，直至纳税人办理相关手续为止。

6.1.3 辅导期一般纳税人

对下列两种情况的一般纳税人实行纳税辅导期管理。①小型商贸批发企业：注册资金在 80 万元（含 80 万元）以下、职工人数在 10 人（含 10 人）以下的批发企业。（只从事出口贸易，不需要使用增值税专用发票的企业除外。）新认定为一般纳税人的小型商贸批发企业实行纳税辅导期管理的期限为 3 个月。②有违法情况的一般纳税人：具有增值税偷税数额占应纳税额的 10% 以上并且偷税数额在 10 万元以上的、骗取出口退税的、虚开增值税扣税凭证的、国家税务总局规定的其他情形之一的一般纳税人。此类纳税人的纳税辅导期管理的期限为 6 个月。

可以看出，纳入辅导期管理的纳税人都属于被税务机关定位为“高风险”的纳税人，因此辅导期纳税人会被执行更为严格的政策，尤其是针对其使用增值税专用发票采取了特别管理措施。与正常的一般纳税人相比，辅导期管理的一般纳税人，主要在增值税专用发票使用方面受到了严格的控制。

1. 最高开票限额受限

实行纳税辅导期管理的小型商贸批发企业，领购专用发票的最高开票限额不得超过 10 万元；其他一般纳税人专用发票最高开票限额应根据企业实际经营情况重新核定。

2. 每次领用份数不得超过 25 份

辅导期纳税人专用发票的领购实行按次限量控制，主管税务机关可根据纳税人的经营情况核定每次专用发票的供应数量，但每次发售专用发票数量不得超过 25 份。辅导期纳税人领购的专用发票未使用完而再次领购的，主管税务机关发售专用发票的份数不得超过核定的每次领购专用发票份数与未使用完的专用发票份数的差额。

3. 第二次领取预缴税款

辅导期纳税人一个月内多次领购专用发票的，应从当月第二次领购专用发票起，按照上一次已领购并开具的专用发票销售额的 3% 预缴增值税，未预缴增值税的，主管税务机关不得向其发售专用发票。

4. 辅导期结束的

纳税人不需要到主管税务机关办理辅导期结束业务，只要不存在下列情况，主管税务机关会主动送达《税务事项通知书》进行告知：主管税务机关发现辅导期纳税人存在偷税、逃避追缴欠税、骗取出口退税、抗税或其他需要立案查处的税收违法行为的，从期满的次月起按照本规定重新实行纳税辅导期管理。

在实务工作中，辅导期企业常常存在这样的担忧：辅导期内没有收入，或者收入达不到一般纳税人标准该怎么办？会被转回小规模纳税人吗？答案是否定的，辅导期结束，只要不存在上述违法情况，会直接转为正常管理的一般纳税人。

【扩展阅读】听说"辅导期"取消了

笔者在实务工作中收到一些企业反映：企业的会计或者个别事务所人员说，"辅导期"已经取消了。笔者对此进行了了解，确认该消息并不属实，完全是相关工作人员对政策了解不深入而引发的误解。

《国家税务总局关于调整增值税一般纳税人管理有关事项的公告》（2015年第18号公告），部分取消了原需要行政审批的项目，但是并未对辅导期政策进行修订。

国家税务总局在针对2015年第18号公告发布的《政策解读》中明确规定："一般纳税人辅导期管理仍按照现行有关规定执行。"因此，辅导期政策并未变化。

6.2 增值税专用发票的领取

增值税一般纳税人要想领用增值税专用发票，在票种核定之后，还需要办理以下业务。

6.2.1 增值税专用发票用量申请及核定

税务机关依据增值税纳税人的申请，核定其使用增值税税控系统开具的增值税专用发票种类、单次（月）领用数量及增值税专用发票的最高开票限额。下列报送资料齐全的，税务机关应当在5个工作日内办结，通知纳税人领取《发票领用簿》和《增值税税控系统安装使用告知书》。

- 《纳税人领用发票票种核定表》2份。
- 税务登记证件。
- 经办人身份证明原件及复印件。
- 发票专用章印模（首次申请发票票种核定时提供）。

6.2.2 增值税专用发票用量调整

企业因生产经营变化等情况，原核定的用票量不能满足日常使用的，可以向主管税务机关申请，对自己使用税控系统开具的增值税专用发票单次（月）领用量、离线开具时限、离线开具总金额进行调整。下列资料报送齐全的，税务机关应当在 5 个工作日内办结。

- 《发票领用簿》。
- 《纳税人领用发票票种核定表》。
- 经办人身份证明（经办人变更的提供复印件）。
- IC 卡、金税盘（税控盘）、报税盘。

【扩展阅读】A 级纳税信用带来的便利

纳税信用评价是税务机关根据采集的纳税人纳税信用信息，按照管理办法和评价指标的相关规定，就纳税人在一定周期内的纳税信用状况所进行的评价，评价结果分为 A、B、C、D 4 级，A 级为纳税信用状况最好的级别。

纳税信用为 A 级的纳税人，在增值税专用发票方面可以享受以下待遇。

- 可一次领取 3 个月的增值税发票用量，办理时手续齐全的，办税服务厅当场办理。
- 需要调整增值税发票用量，办理时手续齐全的，办税服务厅按照纳税人的需要当场办理。
- 取消增值税发票认证。

纳税信用评价周期为一个纳税年度，“纳税年度”为公历年度，即从 1 月 1 日至当年 12 月 31 日。纳税人 2 年内有涉税违法行为、移交司法机关处理记录，或者正在接受税务机关立案稽查的，不适用此待遇。

6.2.3 增值税专用发票最高开票限额审批

增值税专用发票（增值税税控系统）实行最高开票限额管理。最高开票限额由一般纳税人申请，区县税务机关依法审批。一般纳税人申请最高开票限额时，需填报《增值税专用发票最高开票限额申请单》。主管税务机关受理纳税人申请以后，根据需要进行实地查验。

一般纳税人申请专用发票（包括增值税专用发票和货物运输业增值税专用发票，下同）最高开票限额不超过 10 万元的，主管税务机关不需事前进行实地查验。

申请人提交的申请材料齐全、符合法定形式，税务机关能够当场做出决定的，应当当场做出书面的税务行政许可决定。

对不能当场做出决定的，应当自受理税务行政许可申请之日起 20 日内做出税务行政许可决定；20 日内不能做出决定的，经本税务机关负责人批准，可以延长 10 日，并制作《税务行政许可延期决定告知书》，将延长期限的理由告知申请人。法律、法规另有规定的，依照其规定。（实施税务行政许可的期限以工作日计算，不含法定节假日。）该事项应在受理申请之日起 20 个工作日内办结，需要报送以下资料。

- 《税务行政许可申请表》。
- 《增值税专用发票最高开票限额申请单》。

申请批准后，企业就可以持增值税税控系统专用设备到办税服务厅办理发行或变更事宜。

6.2.4 增值税发票系统税控装置初始发行

税务机关依据纳税人的申请，在增值税税控系统中将税务登记信息、资格认定信息、税种税目认定信息、票种核定信息、增值税发票系统升级版离线开票时限和离线开票总金额等信息载入金税盘（税控盘）。企业持以下资料，就可以领购金税盘（税控盘），并可以当场办结。

- 增值税税控系统最高开票限额《准予税务行政许可决定书》。
- 《增值税税控系统安装使用告知书》。

6.3 增值税专用发票的开具

营改增的纳税人，开具发票时应当按照规定的时限、顺序、栏目，全部联次一次性如实开具，并加盖发票专用章。单位和个人在购买货物、提供服务后应当向收款方取得发票，取得发票时，不得要求变更品名和金额。

6.3.1 具体应税行为能否开具增值税专用发票

一般纳税人在发生下列 10 种情况之一时，不得开具增值税专用发票。

- 一般纳税人会计核算不健全，或者不能够提供准确税务资料。
- 向消费者个人销售服务、无形资产或者不动产。
- 适用免征增值税规定的应税行为。
- 不征收增值税项目。
- 金融商品转让。
- 经纪代理服务向委托方收取的政府性基金或者行政事业性收费。
- 提供有形动产融资性售后回租服务收取的有形动产价款本金。
- 向旅游服务购买方收取并支付的费用。
- 销售使用过的固定资产适用按简易办法征收增值税。
- 销售旧货。

营改增新税政特别规定以下具体事项能否开具增值税专用发票。

- 公共交通运输服务，允许开具增值税专用发票，但是接受公共交通运输服务不能抵扣进项，实务中也就不能开具增值税专用发票。
- 货物运输服务，可以使用增值税专用发票。开具发票时应将起运地、到达地、车种车号以及运输货物信息等内容填写在发票备注栏中，如内容较多可另附清单。
- 动漫企业，允许开具增值税专用发票。
- 电影放映服务，允许开具增值税专用发票。
- 仓储服务，允许开具增值税专用发票。
- 装卸搬运服务，允许开具增值税专用发票。
- 收派服务，允许开具增值税专用发票。
- 文化体育服务，允许开具增值税专用发票。
- 经营租赁服务，允许开具增值税专用发票。
- 有形动产租赁，允许开具增值税专用发票。
- 建筑服务，允许开具增值税专用发票，应在发票的备注栏注明建筑服务发生地县（市、区）名称及项目名称。
- 销售不动产，允许开具增值税专用发票。应在发票“货物或应税劳务、服务名称”栏填写不动产名称及房屋产权证书号码（无房屋产权证书的可不填写），“单位”栏填写面积单位，备注栏注明不动产的详细地址。
- 不动产经营租赁服务，允许开具增值税专用发票。应在备注栏注明不动产的详细地址。

- 特定企业提供金融服务收入，允许开具增值税专用发票。
- 特定企业取得的利息收入，允许开具增值税专用发票。
- 转让 2016 年 4 月 30 日前取得的土地使用权，允许开具增值税专用发票。
- 劳务派遣服务（含安全保护服务），选择差额纳税的纳税人，向用工单位收取用于支付给劳务派遣员工工资、福利和为其办理社会保险及住房公积金的费用，不得开具增值税专用发票，可以开具普通发票。
- 人力资源外包服务，向委托方收取并代为发放的工资和代理缴纳的社会保险、住房公积金，不得开具增值税专用发票，可以开具普通发票。
- 融资租赁服务，允许开具增值税专用发票。
- 非学历教育，允许开具增值税专用发票。
- 销售营改增前购买的固定资产适用简易计税，按照销售旧货政策，不得开具增值税专用发票。
- 销售使用过的固定资产适用简易计税，按照征收率 3% 减按 2% 征税，不得开具增值税专用发票；按照征收率 3% 征税，允许开具增值税专用发票。
- 提供物业管理服务的纳税人，向服务接收方收取的自来水水费，以扣除其对外支付的自来水水费后的余额为销售额，按照简易计税办法依 3% 的征收率计算缴纳增值税，允许全额开具增值税专用发票。

6.3.2 增值税发票的开具要求

自 2016 年 5 月 1 日起，营改增纳税人应使用新系统，按照税务总局发布的《商品和服务税收分类与编码（试行）》（以下简称《编码》），选择相应的编码开具增值税发票。

按照现行政策规定适用差额征税办法缴纳增值税，且不得全额开具增值税发票的（财政部、税务总局另有规定的除外），纳税人自行开具或者税务机关代开增值税发票时，通过新系统中的差额征税开票功能，录入含税销售额（或含税评估额）和扣除额，系统会自动计算税额和不含税金额，并在备注栏自动打印“差额征税”字样，发票开具不应与其他应税行为混开。

6.3.3 开具增值税专用发票，需要对方提供什么资料

鉴于营改增企业首次接触增值税专用发票，只了解到增值税专用发票管理严格，但并不清楚客户需要提供什么资料才能给对方开具，甚至要求对方提供营业执照复印件、税务登记证复印件、增值税一般纳税人资格登记表等多项证明材料，为此，国家税务总局进行了如下明确。

- 增值税纳税义务人购买货物、劳务、服务、无形资产或不动产，索取增值税专用发票时，须向销售方提供购买方名称（不得为自然人）、纳税人识别号、地址电话、开户行及账号等 4 项信息，不需要提供相关证件或其他证明材料。
- 个人消费者购买货物、劳务、服务、无形资产或不动产，索取增值税普通发票时，不需要向销售方提供纳税人识别号、地址电话、开户行及账号信息，也不需要提供相关证件或其他证明材料。

6.3.4 增值税专用发票丢失、被盗怎么办

企业应当妥善保管发票，发生增值税专用发票丢失情形时，应当于发现丢失当日书面报告税务机关，并登报声明作废。（依据《发票管理办法实施细则》第三十一条规定。）

增值税专用发票、货物运输业增值税专用发票、机动车销售统一发票及增值税普通发票丢失、被盗、损毁致无法辨认代码或号码、灭失的，纳税人应在发现的当天向税务机关报告，并报送下列资料。

- 《发票挂失 / 损毁报告表》。
- 提供公安部门受理报案的有关材料。
- 刊登遗失声明的版面原件和复印件。

此外，增值税一般纳税人还应根据所丢失专用发票联次不同、丢失前专用发票是否已认证相符的不同情形，进行相应的处理。

- 一般纳税人丢失已开具专用发票的发票联和抵扣联，如果丢失前已认证相符的，购买方凭销售方提供的相应专用发票记账联复印件及销售方所在地主管税务机关出具的《丢失增值税专用发票已报税证明单》，经购买方主管税务机关审核同意后，可作为增值税进项税额的抵扣凭证；如果丢失前未认证的，购买方凭销售方提供的相应专用发票记账联复印件到主管税务机关进行

认证，认证相符的凭该专用发票记账联复印件及销售方所在地主管税务机关出具的《丢失增值税专用发票已报税证明单》，经购买方主管税务机关审核同意后，可作为增值税进项税额的抵扣凭证。

- 一般纳税人丢失已开具专用发票的抵扣联，如果丢失前已认证相符的，可使用专用发票发票联复印件留存备查；如果丢失前未认证的，可使用专用发票发票联到主管税务机关认证，专用发票发票联复印件留存备查。
- 一般纳税人丢失已开具专用发票的发票联，可将专用发票抵扣联作为记账凭证，专用发票抵扣联复印件留存备查。

此外，纳税人丢失发票应按《发票管理办法》的规定处理，税务机关会予以处罚。具体处罚标准：税务机关责令改正，可以处 1 万元以下的罚款；情节严重的，处 1 万元以上 3 万元以下的罚款。

6.3.5 增值税专用发票的作废

一般纳税人在开具专用发票当月，发生销货退回、开票有误等情形，收到退回的发票联、抵扣联符合作废条件的，按作废处理；开具时发现有误的，可即时作废。

符合作废条件，必须同时符合以下情形。

- 收到退回的发票联、抵扣联时间未超过销售方开票当月。
- 销售方未抄税并且未记账。
- 购买方未认证或者认证结果为“纳税人识别号认证不符”“专用发票代码、号码认证不符”。

6.3.6 开具红字增值税专用发票

随着增值税发票管理新系统的全面推行，增值税发票认证已经具备了取消的基础条件，国家税务总局发布本公告以完善红字发票规定、优化红字发票开具流程。《关于红字增值税发票开具有关问题的公告》（国家税务总局公告 2016 年第 47 号）进一步规范了增值税管理，方便纳税人发票使用。

增值税一般纳税人开具增值税专用发票（以下简称“专用发票”）后，发生销货退回、开票有误、应税服务中止等情形但不符合发票作废条件，或者因销货部分退回及发生销售折让的，需要开具红字专用发票。

开具红字增值税专用发票，需按照如下流程。

（1）根据不同的情况，购买方或销售方在增值税发票管理新系统（以下简称“新系统”）中填开并上传《开具红字增值税专用发票信息表》（以下简称《信息表》，表样如图 6-1 所示）。

（2）主管税务机关通过网络接收纳税人上传的《信息表》，系统自动校验通过后，生成带有“红字发票信息表编号”的《信息表》，并将信息同步至纳税人端系统中。

（3）销售方凭税务机关系统校验通过的《信息表》开具红字专用发票，在新系统中以销项负数开具。红字专用发票应与《信息表》一一对应。

纳税人也可凭《信息表》电子信息或纸质资料到税务机关对《信息表》内容进行系统校验。

开具红字增值税专用发票信息表

填开日期：　年　月　日

销售方	名称		购买方	名称		
	纳税人识别号			纳税人识别号		
开具红字专用发票内容	货物（劳务服务）名称	数量	单价	金额	税率	税率
	合计	——	——		——	
说明	一、购买方□ 对应蓝字专用发票抵扣增值税销项税额情况： 1. 已抵扣□ 2. 未抵扣□ 对应蓝字专用发票的代码：______ 号码：______ 二、销售方□ 对应蓝字专用发票的代码：______ 号码：______					
红字专用发票信息表编号						

图 6-1 《开具红字增值税专用发票信息表》

根据以下不同的情况，《信息表》由购买方或者销售方开具。

购买方取得专用发票已用于申报抵扣的，购买方可在增值税发票管理新系统中填开并上传《信息表》，在填开《信息表》时不填写相对应的蓝字专用发票信息，应暂依《信息表》所列增值税税额从当期进项税额中转出，待取得销售方开具的红字专用发票后，与《信息表》一并作为记账凭证。

购买方取得专用发票未用于申报抵扣、但发票联或抵扣联无法退回的，购买方填开《信息表》时应填写相对应的蓝字专用发票信息。

销售方开具专用发票尚未交付购买方，以及购买方未用于申报抵扣并将发票联及抵扣联退回的，销售方可在新系统中填开并上传《信息表》。销售方填开《信息表》时应填写相对应的蓝字专用发票信息。

6.4 增值税专用发票的认证

增值税专用发票的认证，是指企业取得对方开具的进项税发票，通过增值税发票税控系统对增值税发票所包含的数据进行识别、确认。一般情况下，采用一般计税方法的增值税一般纳税人在取得增值税专用发票以后，需在180日内进行认证，并在认证通过的次月按照增值税有关规定据以抵扣增值税进项税额。未在规定期限内到税务机关办理认证、申报抵扣或者申请稽核比对的，不得作为合法的增值税扣税凭证，不得计算进项税额抵扣。

例如，某企业为营改增一般纳税人，2016年6月取得一份增值税专用发票，发票上注明金额为1 000元，税额为60元，企业于当月在增值税发票查询平台对该发票进行了勾选确认。该企业应于7月申报期内申报抵扣进项税额60元。

可见，增值税一般纳税人想要抵扣增值税税款，必须在取得增值税专用发票开票之日起180日内进行认证（180天仅指自开票之日起至认证期限，含节假日），并在认证当月抵扣，次月申报期内申报抵扣进项税额。

对于因为自然灾害、被盗丢失、司法扣押、经济纠纷、人员离职等客观原因造成增值税扣税凭证逾期的，则需层报国家税务总局进行认证、稽核比对后，比对相符的增值税扣税凭证，允许纳税人继续抵扣其进项税额。由于超过180天认证的条件比较苛刻，审核的级别很高，建议企业做好发票管理，避免引起不必要的麻烦。

6.4.1 认证增值税专用发票的 3 种方式

增值税专用发票认证有 3 种方式：到办税服务厅上门扫描认证、网上扫描认证、通过增值税发票查询平台进行勾选认证。

1. 上门认证

上门认证是指纳税人携带增值税专用发票抵扣联等资料，到税务机关申报征收窗口或者自助办税机进行认证。随着需要认证的发票越来越多，企业前往办税服务厅的时间、成本也不断增长，办税成本也会逐渐升高。

2. 远程认证

远程认证是指纳税人自行扫描、上传专用发票票面信息，通过网络传输至税务机关，由税务机关完成解密和认证，并将认证结果信息返回纳税人。

3. 勾选认证

勾选认证是最新的一种认证方式，是指符合条件的纳税人通过特定的网址，查询升级版增值税开票系统开具给自己的增值税发票信息，然后通过勾选和确认的形式完成发票认证。

采用勾选确认的方式进行增值税发票认证的纳税人包括：

- 2015 年度纳税人信用等级为 A 或 B 的增值税一般纳税人；
- 2016 年 5 月 1 日新纳入营改增试点的增值税一般纳税人（2016 年 5 ～ 7 月期间适用）。

6.4.2 什么是失控票

失控票，顾名思义，就是失去控制的发票。比如，开给自己发票的企业未按时报税、走逃，丢失空白专用发票等情况。

根据不同的情况，对失控票做如下处理。

（1）如果开票方已申报纳税：可由销售方主管税务机关出具书面证明，并通过协查系统回复购买方主管税务机关，该失控发票可作为购买方抵扣增值税进项税额的凭证。

（2）如果开票方未申报纳税：按照现有政策，购买方取得的失控发票不得抵扣相应的进项税额，已经抵扣的应当做进项税额转出。这种情况下，企业的风险最大，需要高度警惕，最好做到“三流合一”，避免真实业务发生，陷入承担对方企业走逃，而自己无法抵扣进项税的风险。

（3）如果是丢失空白发票：

根据《发票管理办法实施细则》第三十一条规定："使用发票的单位和个人应当妥善保管发票。发生发票丢失情形时，应当于发现丢失当日书面报告税务机关，并登报声明作废。"税务机关对丢失空白普通发票的纳税人，可以按《发票管理办法》第三十六条"未按照规定保管发票的"情形，由税务机关责令限期改正，可以并处1万元以下的罚款。

一些企业丢失了专用发票后，因害怕遭到处罚，而选择隐瞒增值税专用发票丢失的情况，结果就会在失控票核查中被发现。因此，企业一旦发生发票丢失、被盗的情况，要及时办理相关手续，接受处罚。

6.4.3 什么是滞留票

滞留票是指销售方已开出，并已抄税、报税，而购货方没进行认证抵扣的增值税专用发票。

根据不同的情况，对滞留票做如下处理。

（1）如果是发票丢失未认证：管理不善造成发票流失或邮寄过程中丢失的，详见本章"6.3.4 增值税专用发票丢失、被盗怎么办"。

（2）如果是销货方拒绝提供发票：通常情况是由于购货方久拖不付相关购货款，销货方以此种方式追讨款项。若发票开具后180天内购货方依然未收到发票，则形成滞留票，无法抵扣相应的进项税额，相应的成本亦无法进行扣除。

（3）如果是"两头不入账"，偷逃税款：个别企业为了隐瞒销售收入，对于取得的增值税专用发票不予抵扣进项，也会形成滞留票。若发现利用滞留票两头不入账进行偷税的情形，除了补缴相应的增值税税款、所得税税款、滞纳金，查补罚款以外，还有可能面临承担刑事责任的风险。

6.5 虚开增值税专用发票

虚开增值税专用发票，对于营改增企业来说比较陌生，造成的后果也不是简简单单的发票违规行为，而是后果非常严重的违法犯罪行为。正因如此，对增值税一般纳税人的管理才异常严格。

6.5.1 虚开增值税专用发票——营改增企业最大的涉税风险

营改增之后，与各种税务违反、违规相比，虚开增值税专用发票成为营改增企业最大的涉税风险。与增值税专用发票的严格管理相匹配，虚开增值税专用发票的行为是触犯《刑法》的违法行为，是营改增企业绝对不能触碰的“高压线”，也是营改增企业财务人员必知的增值税专用发票的法律风险。

从虚开增值税专用发票的量刑标准可以看出，虚开增值税专用发票后果的严重性：

虚开增值税专用发票税款数额达 1 万元或使国家税款被骗取 5 000 元的，基准刑为有期徒刑 6 个月；虚开的税款数额每增加 3 000 元或使国家实际被骗取的税款数额每增加 1 500 元，刑期增加 1 个月。虚开增值税专用发票税款数额达 50 万元或使国家税款被骗取 30 万元的，基准刑为有期徒刑 10 年；虚开的税款数额每增加 1 万元或使国家实际被骗取的税款数额每增加 5 000 元，刑期增加 1 个月。虚开的税款数额巨大或者有其他特别严重情节的，处 10 年以上有期徒刑或者无期徒刑。（依据最高人民法院《人民法院量刑指导意见（试行）》）

6.5.2 哪些行为属于“虚开”

依据国家税务总局《转发 < 最高人民法院关于适用〈全国人民代表大会常务委员会关于惩治虚开、伪造和非法出售增值税专用发票犯罪的决定〉的若干问题的解释 > 的通知》（国税发〔1996〕210 号），具有下列行为之一的，属于“虚开增值税专用发票”。

- 没有货物购销或者没有提供或接受应税劳务而为他人、为自己、让他人为自己、介绍他人开具增值税专用发票。
- 有货物购销或者提供或接受了应税劳务但为他人、为自己、让他人为自己、介绍他人开具数量或者金额不实的增值税专用发票。
- 进行了实际经营活动，但让他人为自己代开增值税专用发票。

可以看出，只要是发生了与实际经营活动不符的开票行为，都属于虚开增值税专用发票的行为，包括为他人虚开、为自己虚开、让他人为自己虚开、介绍他人虚开等行为。笔者结合真实案例，列举企业容易触碰的“雷区”如下。

案例 6-1：利用空余开票额度虚开。

一些企业刚成立时，业务并不多，存在一些留抵税额，就打起虚开增值税专用发票的主意，或者别人请求帮忙开具增值税专用发票用来抵扣税款，这就是典型的为他人虚开情况。

抚州市南城某物流公司在与山西孝义市一化工企业无真实运输业务的情况下，向其虚开货物运输增值税发票 72 份，价税合计 770 余万元，同时按票面金额 2.6% 收取开票费 20 余万元。该公司负责人已被抓获并已刑拘。

案例 6-2：为了“圆票”找人为自己虚开。

长治市某有限公司购进了一批原材料而没有进项发票，该公司即从河北邯郸某物资有限公司为自己虚开增值税专用发票 18 张，票面金额共计 1 629 314.35 元，税额共计 276 983.3 元，公司会计将 18 张虚开的增值税专用发票认证抵扣并入账。被告人犯虚开增值税专用发票罪，被判处有期徒刑 3 年，缓刑 5 年，并处罚金人民币 50 000 元。

案例 6-3：挂靠经营的风险。

对于挂靠经营，需要视不同情况分别确定。对于开票方，如果存在挂靠经营，挂靠方应以被挂靠方名义开展业务，被挂靠方作为纳税人，这样被挂靠方可以向受票方开具发票；如果以挂靠方名义开展业务，挂靠方为纳税人，这时由被挂靠方开具发票则属于虚开行为。

如果挂靠方以被挂靠方名义，向受票方纳税人销售货物、提供增值税应税劳务或者应税服务，应以被挂靠方为纳税人。被挂靠方作为货物的销售方或者应税劳务、应税服务的提供方，应按照相关规定向受票方开具增值税专用发票。

如果挂靠方以自己名义向受票方纳税人销售货物、提供增值税应税劳务或者应税服务，被挂靠方与此项业务无关，则应以挂靠方为纳税人。这种情况下，如果被挂靠方向受票方纳税人就该项业务开具增值税专用发票，就属于虚开。

一些营改增企业的经营者自认为，只要缴了税，发票开多少自己说了算，并不认为这是违法行为，尤其是营改增以后依然如此，甚至想通过不正当的渠道去虚开增值税专用发票，来达到少缴税的目的。更有甚者怀着“被税务机关抓到大不了罚款”的想法，根本不清楚“违反增值税法规最高可判死刑”的情况。

1997 年浙江金华税案，吴跃东、胡银锋、吕化明 3 名要犯及其他 151 人通过以阴阳票、大头小尾、代开虚开等手段虚开增值税专用发票，同时买通叶国梁、杨尚荣等 13 名政府官员，共开票价税合计 63.1 亿元，其中销售额 53.94 亿元，税款 9.14 亿元，已抵扣税款 7.42 亿元。案件告破后，3 名要犯被判处死刑，原金华县财税局稽查大队长杨尚荣被判死刑，其余人员也都受到了法律制裁。

2006 年福建厦门税案，高级广告设计师叶双凯伙同唐春林、詹益海等人先后注册 5 家空壳公司，然后利用虚假农副产品收购发票作为进项抵扣，疯狂虚开增值税专用发票，票面金额合计 1.32 亿元，税额合计 1 938.36 万元，价税合计 1.5 亿元，造成国家税款流失达 1 700 万元。主犯叶双凯于 2007 年一审被判处死刑。

虚开增值税专用发票一直是税务机关重点打击的对象，多年来成效显著，建立了一套完整的防范虚开的体系。同时，从增值税抵扣链条来看，想要虚开增值税专用发票也并非易事。如果遇到不法分子成立皮包公司，大量虚开后形成欠税然后走逃，对接受虚开的企业来说更是得不偿失。

【扩展阅读】善意取得虚开的增值税专用发票

在实务工作中，企业往往无法判断上游企业的情况，也不应当承担因上游企业发生诸如走逃等事件而引起的增值税专用发票的风险，因此，只要业务真实发生，符合相关要求，就可以认定为善意取得虚开的增值税专用发票，避免相关的风险。国家税务总局在《关于纳税人善意取得虚开的增值税专用发票处理问题的通知》（国税发 [2000]187 号）中明确规定，必须同时满足以下条件，才可认定为善意取得虚开的增值税专用发票：

购货方与销售方存在真实交易，销售方使用的是其所在省（自治区、直辖市和计划单列市）的专用发票，专用发票注明的销售方名称、印章、货物数量、金额及税额等全部内容与实际相符，且没有证据表明购货方知道销售方提供的专用发票是以非法手段获得的。

为保护纳税人的合法权益，对于善意取得增值税专用发票的纳税人，不以偷税或者骗取出口退税论处。但应按有关规定不予抵扣进项税款或者不予出口退税；购货方已经抵扣的进项税款或者取得的出口退税，应依法追缴。

虽然上述规定在一定程度上保护了善意取得增值税专用发票纳税人的合法权益，但如不能重新取得增值税专用发票，仍存在不能抵扣进项的风险，因此建议企业在经营过程中一定要加以注意，避免取得虚开的增值税专用发票。

6.5.3 常听到的“三流合一”是怎么回事

营改增纳税人在开具增值税专用发票的时候，经常会听到“三流合一”的规定，那究竟什么是“三流合一”呢？

这个说法源于《国家税务总局关于纳税人对外开具增值税专用发票有关问题的公告》（国家税务总局公告 2014 年第 39 号）的规定，自 2014 年 8 月 1 日起，纳税人通过虚开增值税进项税额偷逃税款，但对外开具增值税专用发票同时符合以下情形的，不属于对外虚开增值税专用发票。

- 纳税人向受票方纳税人销售了货物，或者提供了增值税应税劳务、应税服务。
- 纳税人向受票方纳税人收取了所销售货物、所提供应税劳务或者应税服务的款项，或者取得了索取销售款项的凭据。
- 纳税人按规定向受票方纳税人开具的增值税专用发票相关内容，与所销售货物、所提供应税劳务或者应税服务相符，且该增值税专用发票是纳税人合法取得、并以自己名义开具的。

受票方纳税人取得的符合上述情形的增值税专用发票，可以作为增值税扣税凭证抵扣进项税额。即“货物流、发票流和资金流”三者相一致。否则，开票方可能被认定为是虚开专用发票，受票方不能抵扣进项税。

6.6 一般纳税人申报

与小规模纳税人相比，一般纳税人的申报较为复杂，除了需要认证抵扣税款外，一般纳税人的申报表需要报送的附件资料更多。

6.6.1 一般纳税人申报流程

一般纳税人在征期内进行申报，具体申报流程如下所示。

- 抄报税：纳税人在征期内登录开票软件抄税，并通过网上抄报或办税厅抄报，向税务机关上传上月开票数据。
- 纳税申报：纳税人通过一证通或 CA 证书登录网上申报软件进行网上申报。网上申报成功并通过税银联网实时扣缴税款。

• 清零解锁：申报成功后，纳税人返回开票系统对税控设备进行清零解锁。

注：网上抄报税仅在申报期内才能进行，逾期只能使用税控盘去主管税务机关抄报，逾期抄报可能形成走逃户，造成不必要的税务风险。

6.6.2 一般纳税人申报表结构体系

一般纳税人申报表共 9 张，其中 4 张申报表必须填报，剩余 5 张申报表在发生相关业务的情况下才填报，如图 6-2 所示。具体报表如下。

主表：《增值税纳税申报表（一般纳税人适用）》必须填报。（以下称《1. 主表》）

附表一：《增值税纳税申报表附列资料（一）》（本期销售情况明细）必须填报。（以下称《2. 附表一：销售明细表）》）

附表二：《增值税纳税申报表附列资料（二）》（本期进项税额明细）必须填报。（以下称《3. 附表二：进项税额明细》）

附表三：《增值税纳税申报表附列资料（三）》（服务、不动产和无形资产扣除项目明细）。（以下称《4. 附表三：服务、不动产和无形资产扣除项目明细》）

一般纳税人销售服务、不动产和无形资产，在确定服务、不动产和无形资产销售额时，按照有关规定可以从取得的全部价款和价外费用中扣除价款的，需填报《增值税纳税申报表附列资料（三）》。其他情况不填写该附列资料。

附表四：《增值税纳税申报表附列资料（四）》（税额抵减情况表）。（以下称《5. 附表四：税额抵减》）

附表五：《增值税纳税申报表附列资料（五）》（不动产分期抵扣计算表）。（以下称《6. 附表五：不动产分期抵扣》）

《固定资产（不含不动产）进项税额抵扣情况表》。（以下称《7. 固定资产（不含不动产）进项税额抵扣情况表》）

《本期抵扣进项税额结构明细表》必须填报。（以下称《8. 本期抵扣进项税额结构明细表》）

《增值税减免税申报明细表》。（以下称《9. 增值税减免税申报明细表》）

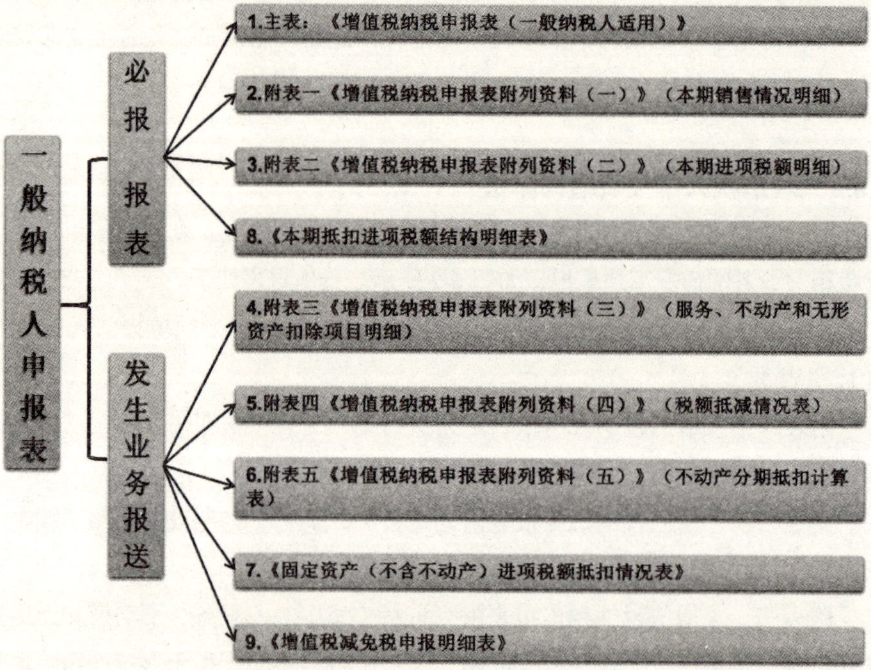

图 6-2 一般纳税人申报表体系

6.6.3 一般纳税人申报表钩稽关系

一般纳税人申报表与附表之间存在着复杂的钩稽关系，掌握申报表钩稽关系对按照顺序填写申报表及附表有着重要的意义，大体上如图 6-3 所示。

（1）填写《2. 附表一：销售明细表》。

（2）填写《4. 附表三：服务、不动产和无形资产扣除项目明细》。

（3）填写《3. 附表二：进项税额明细》。

（4）填写《8. 本期抵扣进项税额结构明细表》。

（5）填写《7. 固定资产不含不动产进项税额抵扣情况表》。

（6）填写《6. 附表五：不动产分期抵扣》。

（7）填写《5. 附表四：税额抵减》。

（8）填写《9. 增值税减免税申报明细表》。

（9）填写《1. 主表》。

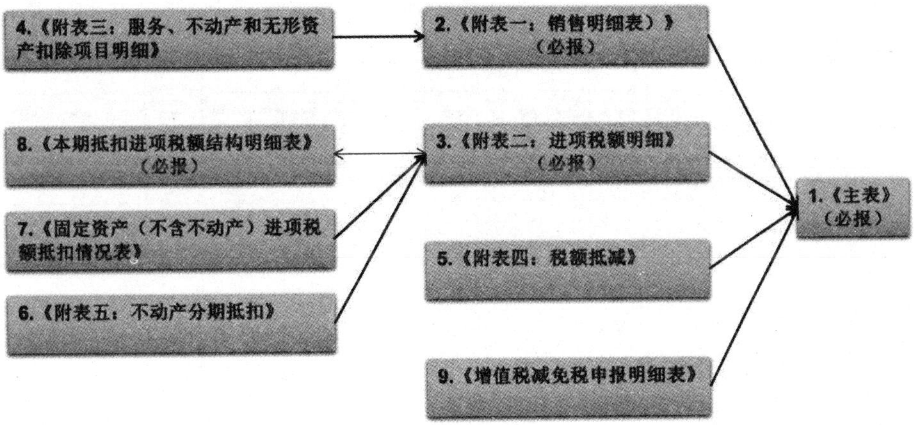

图 6-3 一般纳税人申报表填写顺序

6.7 一般纳税人申报表“十步填写法”详解

笔者结合事务工作总结了一般纳税人申报表填写的“十步填写法”，根据填写的内容，分为 4 个部分，其中第三部分“税额抵减”仅供有可抵减业务的纳税人填写。

6.7.1 填写销售情况

（1）填写《2. 附表一：销售明细表）》第 1 至 11 列（必填），如图 6-4 所示。

增值税纳税申报表附列资料（一）

（本期销售情况明细）

税款所属时间：自 年 月 日至 年 月 日

纳税人名称：（公章） 金额单位：元至角分

项目及栏次				开具增值税专用发票		开具其他发票		未开具发票		纳税检查调整		合计			服务、不动产和无形资产扣除项目本期实际扣除金额	扣除后	
				销售额	销项（应纳）税额	销售额	销项（应纳）税额	销售额	销项（应纳）税额	销售额	销项（应纳）税额	销售额	销项（应纳）税额	价税合计		含税（免税）销售额	销项（应纳）税额
				1	2	3	4	5	6	7	8	9=1+3+5+7	10=2+4+6+8	11=9+10	12	13=11-12	14=13÷（100%+税率或征收率）×税率或征收率
一、一般计税方法计税	全部征税项目	17%税率的货物及加工修理修配劳务	1											—	—	—	—
		17%税率的服务、不动产和无形资产	2														
		13%税率	3											—	—	—	—
		11%税率	4														
		6%税率	5														
	其中：即征即退项目	即征即退货物及加工修理修配劳务	6	—	—	—	—	—	—	—	—			—	—	—	—
		即征即退服务、不动产和无形资产	7	—	—	—	—	—	—	—	—						
二、简易计税方法计税	全部征税项目	6%征收率	8							—	—			—	—	—	—
		5%征收率的货物及加工修理修配劳务	9a							—	—			—	—	—	—
		5%征收率的服务、不动产和无形资产	9b							—	—						
		4%征收率	10							—	—			—	—	—	—
		3%征收率的货物及加工修理修配劳务	11							—	—			—	—	—	—
		3%征收率的服务、不动产和无形资产	12							—	—						
		预征率 %	13a							—	—						
		预征率 %	13b							—	—						
		预征率 %	13c							—	—						
	其中：即征即退项目	即征即退货物及加工修理修配劳务	14	—	—	—	—	—	—	—	—			—	—	—	—
		即征即退服务、不动产和无形资产	15	—	—	—	—	—	—	—	—						
三、免抵退税	货物及加工修理修配劳务		16	—	—		—		—	—	—		—	—	—	—	—
	服务、不动产和无形资产		17	—	—		—		—	—	—		—				—
四、免税	货物及加工修理修配劳务		18				—		—	—	—		—	—	—	—	—
	服务、不动产和无形资产		19	—	—		—		—	—	—		—				—

图 6-4 一般纳税人申报表填写第一步

（2）填写《4. 附表三：服务、不动产和无形资产扣除项目明细》（非必填表，仅供有差额扣除项目的纳税人填写，没有此类业务的不填写），如图 6-5 所示。

增值税纳税申报表附列资料（三）

（服务、不动产和无形资产扣除项目明细）

税款所属时间：自 年 月 日至 年 月 日

纳税人名称：（公章） 金额单位：元至角分

项目及栏次		本期服务、不动产和无形资产价税合计额（免税销售额）	服务、不动产和无形资产扣除项目				
			期初余额	本期发生额	本期应扣除金额	本期实际扣除金额	期末余额
		1	2	3	4=2+3	5（5≤1且5≤4）	6=4-5
17%税率的项目	1						
11%税率的项目	2						
6%税率的项目（不含金融商品转让）	3						
6%税率的金融商品转让项目	4						
5%征收率的项目	5						
3%征收率的项目	6						
免抵退税的项目	7						
免税的项目	8						

图 6-5 一般纳税人申报表填写第二步

（3）填写《2. 附表一：销售明细表）》第 12 至 14 列（非必填项目，仅供有差额扣除项目的纳税人填写，没有此类业务的不填写），如图 6-6 所示。

增值税纳税申报表附列资料（一）

（本期销售情况明细）

税款所属时间：自 年 月 日至 年 月 日

纳税人名称：（公章） 金额单位：元至角分

项目及栏次				开具增值税专用发票		开具其他发票		未开具发票		纳税检查调整		合计			服务、不动产和无形资产扣除项目本期实际扣除金额	扣除后	
				销售额	销项（应纳）税额	销售额	销项（应纳）税额	销售额	销项（应纳）税额	销售额	销项（应纳）税额	销售额	销项（应纳）税额	价税合计		含税（免税）销售额	销项（应纳）税额
				1	2	3	4	5	6	7	8	9=1+3+5+7	10=2+4+6+8	11=9+10	12	13=11-12	14=13÷（100%+税率或征收率）×税率或征收率
一、一般计税方法计税	全部征税项目	17%税率的货物及加工修理修配劳务	1											—	—	—	—
		17%税率的服务、不动产和无形资产	2														
		13%税率	3											—	—	—	—
		11%税率	4														
		6%税率	5														
	其中：即征即退项目	即征即退货物及加工修理修配劳务	6	—	—	—	—	—	—	—	—			—	—	—	—
		即征即退服务、不动产和无形资产	7	—	—	—	—	—	—	—	—						
二、简易计税方法计税	全部征税项目	6%征收率	8							—	—			—	—	—	—
		5%征收率的货物及加工修理修配劳务	9a							—	—			—	—	—	—
		5%征收率的服务、不动产和无形资产	9b							—	—						
		4%征收率	10							—	—			—	—	—	—
		3%征收率的货物及加工修理修配劳务	11							—	—			—	—	—	—
		3%征收率的服务、不动产和无形资产	12							—	—						
		预征率 %	13a							—	—						
		预征率 %	13b							—	—						
		预征率 %	13c							—	—						
	其中：即征即退项目	即征即退货物及加工修理修配劳务	14	—	—	—	—	—	—	—	—			—	—	—	—
		即征即退服务、不动产和无形资产	15	—	—	—	—	—	—	—	—						
三、免抵退税	货物及加工修理修配劳务		16	—	—		—		—	—	—		—	—	—	—	—
	服务、不动产和无形资产		17	—	—		—		—	—	—		—				—
四、免税	货物及加工修理修配劳务		18				—		—	—	—		—	—	—	—	—
	服务、不动产和无形资产		19	—	—		—		—	—	—		—				—

图 6-6 一般纳税人申报表填写第三步

（4）填写《9. 增值税减免税申报明细表》（非必填项目，仅供有减免税业务的纳税人填写，没有此类业务的不填写），如图 6-7 所示。

增值税减免税申报表明细

税款所属时间：自 年 月 日至 年 月 日

纳税人名称（公章）： 金额单位：元至角分

一、减税项目						
减税性质代码及名称	栏次	期初余额	本期发生额	本期应抵减税额	本期实际抵减税额	期末余额
		1	2	3=1+2	4≤3	5=3-4
合计	1					
	2					
	3					
	4					
	5					
	6					
二、免税项目						
免税性质代码及名称	栏次	免征增值税项目销售额	免税销售额扣除项目本期实际扣除金额	扣除后免税销售额	免税销售额对应的进项税额	免税额
		1	2	3=1-2	4	5
合 计	7					
出口免税	8		—	—	—	—
其中：跨境服务	9		—	—	—	—
	10					
	11					
	12					
	13					
	14					
	15					
	16					

图 6-7 一般纳税人申报表填写第四步

6.7.2 填写进项税额

（1）填写《6. 附表五：不动产分期抵扣》（非必填项目，仅供有不动产进项税额分期抵扣业务的纳税人填写，没有此类业务的不填写），如图 6-8 所示。

增值税纳税申报表附列资料（五）

（不动产分期抵扣计算表）

税款所属时间：自 年 月 日至 年 月 日

纳税人名称：（公章） 金额单位：元至角分

期初待抵扣不动产进项税额	本期不动产进项税额增加额	本期可抵扣不动产进项税额	本期转入的待抵扣不动产进项税额	本期转出的待抵扣不动产进项税额	期末待抵扣不动产进项税额
1	2	3≤1+2+4	4	5≤1+4	6=1+2-3+4-5

图 6-8 一般纳税人申报表填写第五步

（2）填写《7. 固定资产（不含不动产）进项税额抵扣情况表》（非必填项目，仅供有固定资产（不含不动产）进项税额抵扣业务的纳税人填写，没有此类业务的不填写），如图 6-9 所示。

固定资产（不含不动产）进项税额抵扣情况表

纳税人名称（公章）： 填表日期： 年 月 日 金额单位：元至角分

项目	当期申报抵扣的固定资产进项税额	申报抵扣的固定资产进项税额累计
增值税专用发票		
海关进口增值税专用缴款书		
合 计		

图 6-9 一般纳税人申报表填写第六步

（3）填写《3. 附表二：进项税额明细》（必填），如图 6-10 所示。

增值税纳税申报表附列资料（二）

（本期进项税额明细）

税款所属时间：自 年 月 日至 年 月 日

纳税人名称：（公章） 金额单位：元至角分

一、申报抵扣的进项税额				
项目	栏次	份数	金额	税额
（一）认证相符的增值税专用发票	1 = 2 + 3			
其中：本期认证相符且本期申报抵扣	2			
前期认证相符且本期申报抵扣	3			

图 6-10 一般纳税人申报表填写第七步

（续表）

增值税纳税申报表附列资料（二）

（本期进项税额明细）

税款所属时间：自 年 月 日至 年 月 日

（二）其他扣税凭证	4 = 6 + 6 + 7 + 8			
其中：海关进口增值税专用缴款书	5			
农业品收购发票或者销售发票	6			
代扣代缴税收缴款凭证	7		—	
其他	8			
（三）本期用于构建不动产的扣税凭证	9			
（四）本期不动产允许抵扣进项税额	10	—	—	
（五）外贸企业进项税额抵扣证明	11	—	—	
当期申报抵扣进项税额合计	12 = 1 + 4 + 9 + 10 + 11			
二、进项税额出额				
项目	栏次	份数	金额	税额
本期进项税额转出额	13 = 14 至 23 之和			
其中：免税项目用	14			
集体福利、个人消费	15			
非正常损失	16			
简易计税方法征税项目用	17			
免抵退税办法不得抵扣是进项税额	18			
纳税检查调减进项税额	19			
红字专用发票信息表注明的进项税额	20			
上期留抵税额抵减欠税	21			
上期留抵税额退税	22			
其他应作进项税额转出的情形	23			
三、待抵扣进项税额				
项目	栏次	份数	金额	税额
（一）认证相符的增值税专用发票	24	—	—	—
期初已认证相符但未申报抵扣	25			
本期认证相符且本期未申报抵扣	26			
期末已认证相符但未申报抵扣	27			
其中：按照税法规定不允许抵扣	28			
（二）其他扣税凭证	29 = 30 至 33 之和			
其中：海关进口增值税专用缴款书	30			
农产品收购发票或者销售发票	31			
代扣代缴税收缴款凭证	32		—	
其他	33			
	34			
四、其他				
项目	栏次	份数	金额	税额
本期认证相符的增值税专用发票	35			
代扣代缴税额	36	—	—	

图 6-10 一般纳税人申报表填写第七步（续）

（4）填写《8. 本期抵扣进项税额结构明细表》（必填），如图 6-11 所示。

本期抵扣进项税额结构明细表

税款所属时间：自 年 月 日至 年 月 日

纳税人名称：（公章） 金额单位：元至角分

项目	栏次	金额	税额
合计	1=2+4+5+10+13+15+17+18+19		
17%税率的进项	2		
其中：有形动产租赁的进项	3		
13%税率的进项	4		
11%税率的进项	5		
其中：货物运输服务的进项	6		
建筑安装服务的进项	7		
不动产租赁服务的进项	8		
购入不动产的进项	9		
6%税率的进项	10		
其中：直接收费金融服务的进项	11		
财产保险的进项	12		
5%征收率的进项	13		
其中：购入不动产的进项	14		
3%征收率的进项	15		
其中：建筑安装服务的进项	16		
1.5%征收率的进项	17		
农产品核定扣除进项	18		
外贸企业进项税额抵扣证明注明的进项	19		
	20		
	21		

图 6-11 一般纳税人申报表填写第八步

6.7.3 填写税额抵减

填写《5. 附表四：税额抵减》（非必填项目，仅供有税额抵减业务的纳税人填写，没有此类业务的不填写），如图 6-12 所示。

增值税纳税申报表附列资料（四）

（税额抵减情况表）

税款所属时间：自 年 月 日至 年 月 日

纳税人名称：（公章） 金额单位：元至角分

序号	抵减项目	期初余额	本期发生额	本期应抵减税额	本期实际抵减税额	期末余额
		1	2	3=1+2	4≤3	5=3-4
1	增值税税控系统专用设备费及技术维护费					
2	分支机构预征缴纳税款					
3	建筑服务预征缴纳税款					
4	销售不动产预征缴纳税款					
5	出租不动产预征缴纳税款					

图 6-12 一般纳税人申报表填写第九步

6.7.4 主表的填写

根据附表数据填写《增值税纳税申报表（一般纳税人适用）》（《1. 主表》），如图 6-13 所示。

附件 1

增值税纳税申报表

（一般纳税人适用）

根据国家税收法律法规及增值税相关规定制定本表，纳税人不论有无销售额，均应按税务机关核定的纳税期限填写本表，并向当地税务机关申报

税款所属时间： 年 月 日至 年 月 日　　填表日期： 年 月 日　　金额单位：元至角分

纳税人识别号	□□□□□□□□□□□□□□□□□□□□□□□□			所属行业：			
纳税人名称	（公章）	法定代表人姓名		注册地址		生产经营地址	
开户银行及账号			登记注册类型			电话号码	

项目		栏次	一般项目		即征即退项目	
			本月数	本年累计	本月数	本年累计
销售额	（一）按适用税率计税销售额	1				
	其中：应税货物销售额	2				
	应税劳务销售额	3				
	纳税检查调整的销售额	4				
	（二）按简易办法计税销售额	5				
	其中：纳税检查调整的销售额	6				
	（三）免、抵、退办法出口销售额	7			—	—
	（四）免税销售额	8			—	—
	其中：免税货物销售额	9			—	—
	免税劳务销售额	10			—	—

图 6-13 一般纳税人申报表填写第十步

（续表）

项目		栏次	一般项目		即征即退项目	
			本月数	本年累计	本月数	本年累计
税款计算	销项税额	11				
	进项税额	12				
	上期留抵税额	13				—
	进项税额转出	14				
	免、抵、退应退税额	15			—	—
	按适用税率计算的纳税检查应补缴税额	16			—	—
	应抵扣税额合计	17=12+13-14-15-16		—		—
	实际抵扣税额	18（如 17 < 11，则为 17，否则为 11）				
	应纳税额	19=11-18				
	期末留抵税额	20=17-18				—
	简易计税办法计算的应纳税额	21				
	按简易计税办法计算的纳税检查应补缴税额	22			—	—
	应纳税额减征额	23				
	应纳税额合计	24=19-21-23				
税款缴纳	期初未缴税额（多缴为负数）	25				
	实收出口开具专用缴款书退税额	26			—	—
	本期已缴税额	27=28+29+30+31				
	①分次预缴税额	28		—		—
	②出口开具专用缴款书预缴税额	29		—	—	—
	③本期缴纳上期应纳税额	30				
	④本期缴纳欠缴税额	31				
	期末未缴税额（多缴为负数）	32=24+25+26+27				
	其中：欠缴税额（≥0）	33=25+26-27		—		—
	本期应补（退）税额	34=24-28-29		—		—
	即征即退实际退税额	35	—	—		
	期初未缴查补税额	36			—	—
	本期入库查补税额	37			—	—
	期末未缴查补税额	38=16+22+30-37			—	—

授权声明	如果你已委托代理人申报，请填写下列资料： 为代理一切税务事宜，现授权 （地址）　　为本纳税人的代理申报人，任何与本申报表有关的往来文件，都可寄予此人。 授权人签字：	申报人声明	本纳税申报表是根据国家税收法律法规及相关规定填报的，我确定它是真实的、可靠的、完整的。 声明人签字：

主管税务机关：　　接收人：　　接收日期：

图 6-13 一般纳税人申报表填写第十步（续）

6.8 政策备案的办理

增值税的计税方法、优惠政策尽管不需要行政审批，但是需要先行备案之后才能享受。

6.8.1 简易计税方法备案

一般纳税人发生财政部和国家税务总局规定的特定应税行为时，可以选择适用简易计税方法计税，需要按照《财政部 国家税务总局关于全面推开营业税改征增值税试点的通知》（财税〔2016〕36 号）等相关营改增政策规定进行。

对一般纳税人选择简易计税方法的，应在选择按照简易计税方法缴纳增值税的首个申报阶段办理备案（2016 年 5 月 1 日起新纳入试点的纳税人可自 5 月 1 日起办理简易计税备案）。选择简易计税方法的试点一般纳税人在备案时需报送以下资料。

- 《增值税一般纳税人简易征收备案表》。
- 选择简易征收的产品、应税行为符合条件的证明材料，或者企业符合条件的证明材料。
- 为减少办税时间，试点纳税人可自行下载填写上述备案表格，并加盖单位公章（印鉴）后，到办税服务厅办理备案手续。

需要注意的是，选择适用简易计税方法计税的，一经选择，36 个月内不得变更。

一般纳税人兼有销售货物、提供加工修理修配劳务或者应税行为的，凡未规定可以选择按照简易计税方法计算缴纳增值税的，其全部销售额应一并按照一般计税方法计算缴纳增值税。

对于建筑企业、房地产开发企业一般纳税人同时存在多个项目，符合选择简易计税规定的，可以按照项目分别选择简易计税和一般计税方式。选择简易计税方法的建筑业、房地产开发企业一般纳税人，需按照合同项目进行备案，涉及多个合同项目的，可汇总备案，填报《一般纳税人选择简易计税方法备案清单》，连同其他规定的备案资料一并报送国税机关。

6.8.2 增值税差额征税事项的备案

对实行差额征税的营改增纳税人，应在按差额缴纳增值税的首个申报阶段办理备案（2016 年 5 月 1 日起新纳入试点的纳税人可自 5 月 1 日起办理差额征税备案）。实行差额征税的营改增纳税人在备案时需报送以下资料。

- 《营改增试点纳税人差额征税备案表》。
- 差额征税事项符合条件的证明材料，或者企业符合条件的证明材料。

需要注意的是，对差额征税项目，文件规定差额扣除的价款不得开具增值税专用发票的，可以开具增值税普通发票。

实行差额征税的建筑企业需按照合同项目在机构所在地主管税务机关进行备案，涉及多个合同项目的，可汇总备案，分别填报《差额征税备案清单（建筑企业适用）》连同其他规定的备案资料一并报送国税机关。在首次备案以后发生的合同项目，需按次进行备案，报送《差额征税备案清单（建筑企业适用）》。

差额扣除的价款，应当取得符合法律、行政法规和国家税务总局规定的有效凭证。否则，不得扣除。有效凭证包括以下内容。

- 支付给境内单位或者个人的款项，以发票为合法有效凭证。
- 支付给境外单位或者个人的款项，以该单位或者个人的签收单据为合法有效凭证，税务机关对签收单据有疑议的，可以要求其提供境外公证机构的确认证明。
- 缴纳的税款，已完税凭证。
- 扣除的政府性基金、行政事业性收费或者向政府支付的土地价款，以省级以上（含省级）财政部门监（印）制的财政票据为合法有效凭证。
- 国家税务总局规定的其他凭证。

纳税人取得的上述凭证属于增值税扣税凭证的，其进项税额不得从销项税额中抵扣。

6.8.3 税收优惠政策备案

营改增纳税人符合规定的税收优惠政策，需按照规定办理税收优惠备案（详见第八章）。但下列免税项目不需要备案。

- 残疾人员本人为社会提供的服务。
- 其他个人转让著作权。
- 其他个人销售自建自用住房。
- 涉及家庭财产分割的其他个人无偿转让不动产、土地使用权。

第 4 编

进阶成为高手

04

第7章

营改增分行业攻略

本章将对本次全面推开营改增所涉及的相关行业，分行业进行介绍。由于诸如金融保险、航天运输、房地产等行业，以及一般的创业企业和小微企业并不容易进入相关领域，因此笔者在此不予赘述。

7.1 交通运输服务业

交通运输服务业是指使用运输工具将货物或者旅客送达目的地，使其空间位置得到转移的业务活动，主要包括陆路运输、水路运输、航空运输服务。

7.1.1 交通运输服务业征税范围详解

交通运输服务业容易与以下征税范围混淆，具体征税范围的确定需要严格按照相关政策来执行，不能适用错误的征税范围。

（1）出租车公司：向使用本公司自有出租车的出租车司机收取的管理费用，按照陆路运输服务缴纳增值税。

（2）程租或期租、湿租与光租、干租：业务名称比较容易混淆，简单来说：程租或期租、湿租属于“交通运输服务业”，税率为11%；光租、干租属于“租赁服务业”，税率为 6%。具体来说：

程租业务，是指运输企业为租船人完成某一特定航次的运输任务并收取租赁费的业务。

期租业务，是指运输企业将配备有操作人员的船舶承租给他人使用一定期限，承租期内听候承租方调遣，不论是否经营，均按天向承租方收取租赁费，发生的固定费用均由承租方负担的业务。

湿租业务，是指航空运输企业将配备有机组人员的飞机承租给他人使用一定期限，承租期内听候承租方调遣，不论是否经营，均按一定标准向承租方收取租赁费，发生的固定费用均由承租方承担的业务。

注：纳税人提供程租和期租业务，属于提供水路运输服务并应按规定计算缴纳增值税；湿租业务属于提供航空运输服务并应按规定计算缴纳增值税。

光租业务，是指运输企业将船舶在约定的时间内出租给他人使用，不配备操作人员，不承担运输过程中发生的各项费用，只收取固定租赁费的业务活动。

干租业务，是指航空运输企业将飞机在约定的时间内出租给他人使用，不配备机组人员，不承担运输过程中发生的各项费用，只收取固定租赁费的业务活动。

水路运输的光租业务、航空运输的干租业务，都属于经营租赁。

（3）无运输工具承运业务：是指经营者以承运人身份与托运人签订运输服务合同，收取运费并承担承运人责任，然后委托实际承运人完成运输服务的经营活动。

无运输工具承运业务与货物运输代理较为相似，两者的关键区别在于法律关系、开票方式不同。例如，甲公司为运输方，与乙签订运输合同，然后再委托实际运输人 A 公司负责运输。此时甲公司按照“交通运输服务——无运输工具承运业务”缴纳增值税，则甲给乙开具运输发票，A 给甲开具运输发票。如果甲公司只是负责给乙公司和 A 公司“牵线搭桥”，由乙公司与 A 公司直接签订运输合同，乙公司直接向 A 公司支付运费，则甲公司与 A 公司签订的是货物运输代理合同，只收取手续费，甲公司按照“商务辅助服务——经纪代理（货物运输代理）”缴纳增值税。

无运输工具承运业属于“交通运输服务业”，应按照 11% 税率来缴纳增值税，而不能按照 6% 的“商务辅助服务业”来缴纳增值税。

（4）旅游业中的交通运输：旅游景点的水上游览船、观光索道和电瓶车，属于“旅游娱乐服务业”范围，不属于“交通运输服务业”范围。

为旅行社提供的游客运输服务，原来不属于公共交通运输服务，不适用简易计税方法计算缴纳增值税。但现在，鉴于包车客运和旅游客运具有班车定点运输的性质，以及交通管理部门将其纳入长途客运进行管理的实际情况，在国家税务总局没有出台明确的规定前，客运公司提供的包车客运旅游客运服务，暂比照长途客运，纳税人可选择按照简易计税方法来计算缴纳增值税。

7.1.2 交通运输服务业攻略 1：抵扣

交通运输企业原来适用营业税税率 3%，改征增值税后一般纳税人的税率为 11%，要想保持税负不变或下降，就必须避免抵扣税不足的问题。交通运输服务业由于行业的特殊性，有很多其他行业的企业不具备的抵扣优势。

1. 车辆修理费

购买车辆配件、车辆装饰车辆保养维护及大修理等，可以抵扣进项税率为 17% 进项税。但是要注意维修厂家是否具备一般纳税人资格，能否开具增值税专用发票。另外，需要注意与维修厂家签订协议，以及款项结算等问题。

2. 油料费

管理用车辆发生的油料款，可以抵扣进项税率为 17% 进项税。

需要特别注意的是，办理加油站的加油卡等储值卡，对开具增值税专用发票有特殊规定。

尽管国家税务总局发布《关于营改增试点若干征管问题的公告》（2016 年第 53 号）存在“单用途卡发卡企业或者售卡企业（以下统称‘售卡方’）销售单用途卡，或者接受单用途卡持卡人充值取得的预收资金，不缴纳增值税。售卡方可按照本公告第九条的规定，向购卡人、充值人开具增值税普通发票，不得开具增值税专用发票。”的规定。但是《成品油零售加油站增值税征收管理办法》（国家税务总局令 2002 年第 2 号）尚未废止，仍可依据其中规定执行：发售加油卡、加油凭证销售成品油的纳税人在售卖加油卡、加油凭证时，应按预收账款方法做相关账务处理，不征收增值税；预售单位在发售加油卡或加油凭证时可开具普通发票，如购油单位要求开具增值税专用发票，待用户凭卡或加油凭证加油后，根据加油卡或加油凭证回笼记录，向购油单位开具增值税专用发票。接受加油卡或加油凭证销售成品油的单位与预售单位结算油款时，接受加油卡或加油凭证销售成品油的单位根据实际结算的油款向预售单位开具增值税专用发票。

3. 过路、过桥费

一般纳税人支付的道路、桥、闸通行费，暂凭取得的通行费发票（不含财政票据）上注明的收费金额按照下列公式计算可抵扣的进项税额：

高速公路通行费可抵扣进项税额 = 高速公路通行费发票上注明的金额 ÷（1+3%）× 3%

一级公路、二级公路、桥、闸通行费可抵扣进项税额 = 一级公路、二级公路、桥、闸通行费发票上注明的金额 ÷（1+5%）× 5%

在实务工作中，笔者曾接到咨询："依据财税〔2016〕47 号《财政部 国家税务总局关于进一步明确全面推开营改增试点有关劳务派遣服务、收费公路通行费抵扣等政策的通知》规定：只有在 2016 年 5 月 1 日至 7 月 31 日，一般纳税人支付的道路、桥、闸通行费，才能抵扣进项税额，那从 8 月 1 日起该怎么办呢？"好消息是，该项政策在 2016 年 8 月已经有后续政策进行接力：财税〔2016〕86 号《财政部国家税务总局关于收费公路通行费增值税抵扣有关问题的通知》，自 2016 年 8 月 1 日起原政策继续执行，暂时没有设置停止执行时间。也就是说，该项政策企业可以一直使用，直到有将该通知作废的文件出台为止。

例 7-1：A 交通运输公司是增值税一般纳税人，9 月份取得高速公路通行费 51 500 元，过桥费 840 元。

业务分析：高速公路通行费按照 3% 计算抵扣，过桥费按照 5% 计算抵扣。

高速公路通行费可以抵扣的增值税 =51 500 ÷（1+3%）× 3%=1 500（元）

过桥费可以抵扣的增值税 =840 ÷（1+5%）× 5%=40（元）

该企业应填写增值税申报表如下所示。

（1）填写《本期抵扣进项税额结构明细表》，将过桥费填写在第 13 栏"5% 征收率的进项"，将高速公路通行费填写在第 15 栏"3% 征收率的进项"中。

（2）填写附表二《本期进项税额明细》，将第一步当中的合计数，填写在第 8 栏"其他"，并将数据汇总到第 4 栏"其他扣税凭证"中。

（3）填写《主表》，将汇总计算所有可抵扣的进项税额（包括通行费）填写到第 12 栏中。

具体申报表填写规范详见“6.7 一般纳税人申报表‘十步填写法’详解”。

注：是不是只有运输企业、物流企业一般纳税人才可以计算抵扣增值税呢？答案是否定的。无论是物流企业、运输企业，还是其他增值税一般纳税人企业，只要其属于增值税一般纳税人，取得符合规定的通行费发票，均可以按照抵扣规则处理。计算抵扣增值税进项税额与其所属行业没有必然联系。

4. 车辆保险费

企业车辆保险费取得增值税专用发票后，可以按照相关规定抵扣进项税额。

此外，笔者曾在实务工作中遇到保险公司代收车船税时，存在发票上的疑问，可以明确：保险公司收取保费时按规定代收车船税，并在开具的增值税发票“备注栏”中注明保险单号、税款所属期（详细至月）、代收车船税、滞纳金等信息，作为代收税款凭证。纳税人可以凭该发票所注明的信息作为车船税、滞纳金等入账，其中车辆保险费可以抵扣。

7.1.3 交通运输服务业攻略 2：简易计税

一些老的交通运输企业，由于大部分运输设备是在营改增前采购完成的，这部分固定资产进项税额已经无法抵扣，会造成进项税额抵扣不足的问题，以下行业可以选择简易计税，但一经选择，36 个月内不得变更。

公共交通运输服务，包括轮客渡、公交客运、地铁、城市轻轨、出租车、长途客运、班车。

注：班车，是指按固定路线、固定时间运营并在固定站点停靠的运送旅客的陆路运输服务。

此外，国务院办公厅近日转发了国家发展改革委《物流业降本增效专项行动方案（2016—2018 年）》（以下简称《行动方案》），部署降低企业物流成本、提高社会物流效率工作，大力推进物流业转型升级和创新发展。与物流相关的交通运输企业需要密切关注相关优惠政策的出台。

7.1.4 交通运输服务业攻略 3：挂靠

在实务工作中，有些车主个人以自有资金购买车辆，但以运输公司为购买人开具发票，并以运输公司名义对外提供运输服务，车辆亦作为运输公司的固定资产入账并计提折旧。该模式视同运输公司向个人借款购买固定资产，日后，运输公司通过偿还借款本息、支付工资薪金（雇员）、支付劳务报酬（非雇员）等方式与个人结算。对此，运输公司按“交通运输服务”缴纳增值税，个人取得的劳务报酬按照代驾服务缴纳增值税。

车主个人若以挂靠的运输公司名义对外签约并运营，且由运输公司承担运输过程中相关法律责任的，由运输公司按“交通运输服务”缴纳增值税；如果个体车主挂靠某运输公司后，以个体工商户名义对外运营或是承担运输过程中相关法律责任的，则该个体工商户按“交通运输服务”缴纳增值税。

7.1.5 交通运输服务业攻略 4：联运业务

联运业务即联合运输，是指由两个以上运输企业完成将旅客或货物从发送地点运至到达地点所进行的运输业务。联运的特点是一次购买、一次收费、一票到底。

对联运业务，按照“交通运输服务”缴纳增值税。如果联运的对象是旅客，接受旅客运输服务的企业不能作进项抵扣，但从事联运业务的总运方支付给分运方的进项税可以抵扣。

7.2 建筑服务业

建筑服务，是指各类建筑物、构筑物及其附属设施的建造、修缮、装饰，线路、管道、设备等的安装以及其他工程作业的业务活动，包括工程服务、安装服务、修缮服务、装饰服务和其他建筑服务。具体包括以下 5 种服务业。

- 工程服务。指新建、改建各种建筑物、构筑物的工程作业，包括与建筑物相连的各种设备或者支柱、操作平台的安装或者装设工程作业，以及各种窑炉和金属结构工程作业。
- 安装服务。指生产设备、动力设备、起重设备、运输设备、传动设备、医疗实验设备以及其他各种设备、设施的装配、安置工程作业，包括与被安装设备相连的工作台、梯子、栏杆的装设工程作业，以及被安装设备的绝缘、防腐、保温、油漆等工程作业。固定电话、有线电视、宽带、水、电、燃气、暖气等经营者向用户收取的安装费、初装费、开户费、扩容费以及类似收费，按照安装服务缴纳增值税。

- 修缮服务。指对建筑物、构筑物进行修补、加固、养护、改善，使之恢复原来的使用价值或者延长使用期限的工程作业。
- 装饰服务。指对建筑物、构筑物进行修饰装修，使之美观或者具有特定用途的工程作业。
- 其他建筑服务。指上列工程作业之外的各种工程作业服务，如钻井（打井）、拆除建筑物或者构筑物、平整土地、园林绿化、疏浚（不包括航道疏浚）、建筑物平移、搭脚手架、爆破、矿山穿孔、表面附着物（包括岩层、土层、沙层等）剥离和清理劳务等工程作业。

7.2.1 建筑服务业攻略 1：简易计税方法的选择

建筑服务业一般纳税人适用 11% 的税率，以下情况可以选择简易计税，但一经选择，36 个月内不得变更。

1. 清包工

一般纳税人以清包工方式提供的建筑服务，可以选择适用简易计税方法计税。以清包工方式提供建筑服务，是指施工方不采购建筑工程所需的材料或只采购辅助材料，并收取人工费、管理费或者其他费用的建筑服务。

2. "甲供材"

一般纳税人为甲供工程提供的建筑服务，可以选择适用简易计税方法计税。甲供工程，是指全部或部分设备、材料、动力由工程发包方自行采购的建筑工程。

7.2.2 建筑服务业攻略 2：跨地区提供建筑服务

企业在其机构所在地以外的县（市、区）提供建筑服务，属于跨县（市、区）提供建筑服务。（同一直辖市、计划单列市范围内跨县（市、区）提供建筑服务的，由直辖市、计划单列市国家税务局决定是否适用本办法。）

跨地区提供建筑服务的，需要按照以下 3 种情况的不同规定预缴税款。

- 如果企业为一般纳税人，且适用一般计税方法计税，以取得的全部价款和价外费用扣除支付的分包款后的余额，按照 2% 的预征率计算应预缴税款。

计算公式：应预缴税款 =（全部价款和价外费用 − 支付的分包款）÷（1+11%）× 2%

- 如果企业为一般纳税人，选择适用简易计税方法计税，以取得的全部价款和价外费用扣除支付的分包款后的余额，按照 3% 的征收率计算应预缴税款。

计算公式：应预缴税款 =（全部价款和价外费用 − 支付的分包款）÷（1+3%）× 3%

- 如果企业是小规模纳税人，以取得的全部价款和价外费用扣除支付的分包款后的余额，按照 3% 的征收率计算应预缴税款。

计算公式：应预缴税款 =（全部价款和价外费用 − 支付的分包款）÷（1+3%）× 3%

纳税人按照上述规定从取得的全部价款和价外费用中扣除支付的分包款，应当取得符合法律、行政法规和国家税务总局规定的合法有效凭证，否则不得扣除，具体的凭证包括以下内容。

- 从分包方取得的 2016 年 4 月 30 日前开具的建筑业营业税发票。（建筑业营业税发票在 2016 年 6 月 30 日前可作为预缴税款的扣除凭证。）
- 从分包方取得的 2016 年 5 月 1 日后开具的，备注栏注明建筑服务发生地所在县（市、区）、项目名称的增值税发票。

在向建筑服务发生地主管国税机关办理预缴税款时，需提交以下资料。

- 《增值税预缴税款表》。
- 与发包方签订的建筑合同原件及复印件。
- 与分包方签订的分包合同原件及复印件。
- 从分包方取得的发票原件及复印件。

纳税人应按照工程项目分别计算应预缴税款，分别预缴。预缴的增值税税款，可以在当期增值税应纳税额中抵减，抵减不完的，结转下期继续抵减。

此外，纳税人应自行建立预缴税款台账，区分不同县（市、区）和项目逐笔登记全部收入、支付的分包款、已扣除的分包款、扣除分包款的发票号码、已预缴税款以及预缴税款的完税凭证号码等相关内容，留存备查。

例 7-2：A 建筑施工企业登记注册地在甲省，2016 年取得乙省一工程项目，并于 6 月 30 日动工。A 公司 7 月份收到工程款 2 000 万元（含税），并开具增值税专用发票；A 公司将该项工程分包给 B 公司一部分，并向 B 公司支付分包工程款 200 万元（含税），B 公司已开具增值税专用发票，注明价款 180.18 万元，增值税额为 19.82 万元；7 月份 A 公司购进材料一批，增值税专用发票注明价款 100 万元，增值税额为 17 万元。本月已将全部取得的增值税专用发票进行认证抵扣。

假设，A 企业适用一般计税方法，无其他工程业务，则其税款预缴、申报及相关财务处理如下：

（1）A 公司在乙省项目地预缴时，

应预缴增值税＝（2000 － 200）÷（1 ＋ 11%）×2% ＝ 32.43（万元）

会计处理为：

借：应交税金——应交增值税（已交）　　32.43 万

　贷：银行存款　　32.43 万

（2）A 公司在机构地甲省申报缴税时，

应申报增值税如下：

销项税额＝ 2 000÷（1 ＋ 11%）×11% ＝ 198.20（万元）

进项税额＝ 19.82 ＋ 17 ＝ 36.82（万元）

已预缴增值税额＝ 32.43（万元）

本月应申报缴纳增值税＝ 198.20-36.82-32.43 ＝ 128.95（万元）

会计处理为：

借：应交税金——应交增值税（已交）　128.95 万

　贷：银行存款　　128.95 万

7.3 文化创意服务业

文化创意服务，包括设计服务、知识产权服务、广告服务和会议展览服务。

1. 设计服务

是指把计划、规划、设想通过文字、语言、图画、声音、视觉等形式传递出来的业务活动。包括工业设计、内部管理设计、业务运作设计、供应链设计、造型设计、服装设计、环境设计、平面设计、包装设计、动漫设计、网游设计、展示设计、网站设计、机械设计、工程设计、广告设计、创意策划、文印晒图等。

2. 知识产权服务

是指处理知识产权事务的业务活动。包括对专利、商标、著作权、软件、集成电路布图设计的登记、鉴定、评估、认证、检索服务。

3. 广告服务

是指利用图书、报纸、杂志、广播、电视、电影、幻灯、路牌、招贴、橱窗、霓虹灯、灯箱、互联网等各种形式为客户的商品、经营服务项目、文体节目或者通告、声明等委托事项进行宣传和提供相关服务的业务活动。包括广告代理和广告的发布、播映、宣传、展示等。

4. 会议展览服务

是指为商品流通、促销、展示、经贸洽谈、民间交流、企业沟通、国际往来等举办或者组织安排的各类展览和会议的业务活动。

7.3.1 文化创意服务业攻略 1：纳税人身份的筹划

文化创意服务业是“智力集中型”产业，与传统的制造业、商业相比，文化创意服务业很少有原材料、固定资产、货物运输，主要成本费用支出集中在工资、劳务、房租、差旅、软件、文件资料等，而以上或不能抵扣，或不易取得增值税专用发票来抵扣。

1. 登记为小规模纳税人身份的利弊分析

对小规模纳税人而言，有利的方面在于因为税率的降低而使纳税负担有所降低；小规模纳税人适用 3% 的征收率，与营改增之前文化创意服务业适用 5% 的营业税税率相比，产生了明显的减税效果。

不利的方面在于当小规模纳税人面对的客户是增值税一般纳税人时，由于不能开具增值税专用发票，导致客户无法抵扣进项税，从而降低竞争力。

2. 登记为一般纳税人身份的利弊分析

对于一般纳税人而言，有利的方面在于，因为可以开具增值税专用发票给客户用于进项抵扣，所以当面对的客户也是一般纳税人时就会更具有竞争优势。

不利的方面在于，与营改增之前文化创意服务业适用 5% 的营业税税率相比，一般纳税人适用 6% 的增值税税率，如果不能进行恰当的筹划，拥有完善的内部财务、票据管理，就会出现因缺少足够进项税抵扣或者抵扣较少而使税负上升的情况。

因此，文化创意服务企业应对营改增的筹划策略要从目标客户定位入手，消化政策的不利影响，发挥政策带来的优势：

当目标客户不需要增值税专用发票的情况下，如客户是小规模纳税人、政府机构、事业单位等情况，文化创意服务业选择小规模纳税人更具有竞争优势。在实务工作中，由于小规模纳税人税负更低，可以通过适当降低服务定价等策略，提供比一般纳税人更低的服务价格，来抗衡同行业的一般纳税人竞争对手。甚至可以通过结合价格优势与到税务机关代开专用发票的方式，留住一般纳税人客户。

当目标客户是增值税一般纳税人的情况下，客户需要增值税专用发票来抵扣税款，文化创意服务业选择登记为一般纳税人更具有竞争优势。在实务工作中，由于文化创意服务企业增值税一般纳税人可以直接开具6%的增值税专用发票，供客户直接抵扣税款，因此面对增值税一般纳税人客户时优势更加明显。

7.3.2 文化创意服务业攻略 2：文化事业建设费的变化

营改增后文化事业建设费政策有很大变化，需要依据财政部和国家税务总局下发的《关于营业税改征增值税试点有关文化事业建设费政策及征收管理问题的通知》（财税〔2016〕25号）来执行。

提供广告服务的广告媒介单位和户外广告经营单位，应按照规定缴纳文化事业建设费，并应按照提供广告服务取得的计费销售额和3%的费率计算应缴费额，计算公式如下：

应缴费额＝计费销售额 ×3%

计费销售额，为缴纳义务人提供广告服务取得的全部含税价款和价外费用，减除支付给其他广告公司或广告发布者的含税广告发布费后的余额。

免征优惠：增值税小规模纳税人中月销售额不超过3万元（含3万元），以及按季纳税的季度销售额不超过9万元（含9万元）的缴纳义务人，免征文化事业建设费。

例7-3：A广告公司为小规模纳税人，2016年8月收到客户广告费10.3万元（含税）；向某媒体支付媒体方广告费6万元，A公司本月应缴纳的增值税和文化事业建设费如下：

（1）增值税

小规模纳税人不能抵扣增值税，按照3%的征收率，以销售收入10.3万元计算缴纳增值税＝10 300÷（1 ＋ 3%）×3% ＝ 3 000（元）

会计处理如下：

借：银行存款 103 000

贷：主营业务收入——广告服务收入 100 000

应交税费——应交增值税 3 000

（2）文化事业建设费

文化事业建设费按照计费销售额乘以3%来计算，计费销售额可以扣除支付给其他公司或者广告发布者的含税广告发布费后的余额。

文化事业建设费应缴费额＝（103 000 － 60 000）×3% ＝ 1 290（元）

借：营业税金及附加 1 290

贷：应交税费——应缴文化事业建设费 1 290

例7-4：B广告公司为一般纳税人，2016年8月收到客户广告发布费106万元（含税）；支付给媒体方广告费60万元（含税），取得对方开具的增值税专用发票，注明价款为56.6万元，增值税额为3.4万元，并于当月办理完认证手续。B公司本月应缴纳的增值税和文化事业建设费如下：

（1）增值税

B公司为一般纳税人，广告公司适用6%的税率，应申报缴纳增值税如下：

销项税额＝1 060 000÷（1 ＋ 6%）×6% ＝ 60 000（元）

进项税额＝34 000（万元）

本月应申报缴纳增值税＝60 000-34 000 ＝ 26 000（万元）

会计处理如下：

借：银行存款 1 060 000

贷：主营业务收入 1 000 000

应交税费——应交增值税 60 000

借：主营业务成本 566 000

应交税费——应交增值税 34 000

贷：银行存款 600 000

（2）文化事业建设费

无论是一般纳税人还是小规模纳税人，文化事业建设费都是按照计费销售额乘以3%来计算，计费销售额都可以扣除支付给其他公司或者广告发布者的含税广告发布费后的余额。

应缴费额＝（1 060 000 － 600 000）×3% ＝ 13 800（元）

借：营业税金及附加 13 800

　贷：应交税费——应缴文化事业建设费 13 800

注：对比两个例子可以发现，文化事业建设费的计算与纳税人是小规模纳税人还是一般纳税人身份关系不大，但是在纳税筹划的时候需要注意，纳税人为小规模纳税人身份时，月销售额 3 万元的增值税免税政策，文化事业建设费同样免征。

7.4 经纪代理服务业

经纪代理服务，是指各类经纪、中介、代理服务，包括金融代理、知识产权代理、货物运输代理、代理报关、法律代理、房地产中介、职业中介、婚姻中介、代理记账、拍卖等。

1. 货物运输代理服务

是指接受货物收货人、发货人、船舶所有人、船舶承租人或者船舶经营人的委托，以委托人的名义，为委托人办理货物运输、装卸、仓储和船舶进出港口、引航、靠泊等相关手续的业务活动。

2. 代理报关服务

是指接受进出口货物的收、发货人委托，代为办理报关手续的业务活动。

3. 经纪代理服务

以取得的全部价款和价外费用，扣除向委托方收取并代为支付的政府性基金或者行政事业性收费后的余额为销售额。向委托方收取的政府性基金或者行政事业性收费，不得开具增值税专用发票。

7.4.1 经纪代理服务业攻略 1：个人保险、证券、信用卡、旅游代理人

个人保险、证券经纪人、信用卡和旅游等行业的个人代理人在计算缴纳增值税时按照个人保险代理人的规定执行。接下来以个人保险代理人为例进行介绍。

个人保险代理人，是指根据保险企业的委托，在保险企业授权范围内代为办理保险业务的自然人（不包括个体工商户）。个人保险代理人为保险公司等

保险企业提供保险代理服务，应当缴纳增值税和城市维护建设税、教育费附加、地方教育附加。

根据国家税务总局 2016 年第 45 号公告《关于个人保险代理人税收征管有关问题的公告》的规定，接受税务机关委托代征税款的保险企业、证券企业以及其他企业，向个人保险代理人、证券经纪人等个人代理（经纪）人支付佣金费用时，可代个人代理（经纪）人统一向主管国税机关申请汇总代开增值税普通发票或增值税专用发票。但需注意，根据相关规定，享受免征增值税的纳税人，不得开具（代开）增值税专用发票。

保险企业代个人保险代理人申请汇总代开增值税发票时，应向主管国税机关出具个人保险代理人的姓名、身份证号码、联系方式、付款时间、付款金额、代征税款的详细清单。主管国税机关为个人保险代理人汇总代开增值税发票时，应在备注栏内注明“个人保险代理人汇总代开”字样。保险企业应将个人保险代理人的详细信息，作为代开增值税发票的清单，随发票入账。

例 7-5：A 保险公司有甲、乙、丙 3 位个人保险代理人，2016 年 8 月，A 公司支付保险代理佣金 9 万元，其中，向甲代理人支付佣金 2 万元，向乙代理人支付佣金 3 万元，向丙代理人支付佣金 4 万元。对 A 公司相关业务分析如下：

甲换算为不含税佣金收入 = 20 000 ÷（1 + 3%）= 19 417.48（元），符合月销售额不超过 3 万元，免征增值税；

乙换算为不含税佣金收入 = 30 000 ÷（1 + 3%）= 29 126.21（元），符合月销售额不超过 3 万元，免征增值税；

丙换算为不含税佣金收入 = 40 000 ÷（1 + 3%）= 38 834.95（元），月销售额超过 3 万元，应缴纳增值税 38 834.95 × 3% = 1 165.05（元）。

A 公司依据 45 号公告规定，与税务机关办理委托代征税款手续。在向甲、乙、丙 3 位个人代理（经纪）人支付佣金费用 9 万元时，向主管国税机关出具甲、乙、丙 3 人相关信息的详细清单，同时作为代开增值税发票的清单，代其统一向主管国税机关申请汇总代开发票，随发票入账。由于甲、乙属于免征增值税的情况，不得开具（代开）增值税专用发票，只能开具增值税普通发票。

甲公司可分成应税清单（丙代理人）与免税清单（甲和乙代理人）两张清单，注明代理人姓名、身份证号、不含税经纪代理收入、应征（免）税款、代理人确认签章等详细信息，连同代开普通发票申请单一起提交到办税服务厅。

如果甲企业希望申请汇总代开增值税专用发票，那么不管个人代理（经纪）人取得的佣金是多少，都不能免征增值税。如果要享受免税，只能申请代开增值税普通发票。

注：相关企业除了代征增值税外，应按照规定代征城市维护建设税，以及教育费附加、地方教育附加，同时，按照《个人所得税法》的有关规定代扣个人所得税。

7.4.2 经纪代理服务业攻略 2：人力资源外包服务

纳税人提供人力资源外包服务，按照经纪代理服务缴纳增值税，其销售额不包括受客户单位委托代为向客户单位员工发放的工资和代理缴纳的社会保险、住房公积金。向委托方收取并代为发放的工资和代理缴纳的社会保险、住房公积金，不得开具增值税专用发票，可以开具增值税普通发票。

一般纳税人提供人力资源外包服务，可以选择适用简易计税方法，按照 5% 的征收率计算缴纳增值税。

7.5 人力资源服务业攻略：劳务派遣公司

劳务派遣服务，是指劳务派遣公司为了满足用工单位对于各类灵活用工的需求，将员工派遣至用工单位，接受用工单位管理并为其工作的服务。

劳务派遣公司无论是一般纳税人，还是小规模纳税人，都可以选择“差额征税”，以扣除代用工单位支付给劳务派遣员工的工资、福利和为其办理社会保险及住房公积金后的余额为销售额。具体是否使用差额征税，需要企业认真筹划。

1. 登记为一般纳税人身份的利弊分析

劳务派遣公司为增值税一般纳税人的时候，以笔者实务工作经验来看，一般情况下，企业都会选择使用“差额征税”，这是由劳务派遣的行业性质决定的——成本中占比较大的部分不易取得增值税专用发票来抵扣税款。

如果企业选择差额纳税，以取得的全部价款和价外费用，扣除代用工单位支付给劳务派遣员工的工资、福利和为其办理社会保险及住房公积金后的余额为销售额，按照简易计税方法依 5% 的征收率计算缴纳增值税。

例 7-6：A 公司（劳务派遣公司）为增值税一般纳税人，与甲公司（用工单位）签订劳务派遣合同，甲公司按期支付劳务派遣公司费用 100 万元（A 劳务派遣公司开具劳务费发票 100 万元），其中支付被派遣劳动者工资 80 万元，社保费用 8 万元，福利费用 2 万元，管理费用 10 万元，A 公司当月取得增值税进项税额为 1 万元，可以办理认证抵扣手续。

分析：A 公司为增值税一般纳税人，可以选择按照一般计税方法，也可以选择差额征税。

方案一：如果选择一般计税方法计算时，A 公司公司可以抵扣增值税进项税额 1 万元。

A 公司应缴增值税 = 100 ÷（1 + 6%）× 6%-1 = 4.66（万元）

方案二：如果选择照差额纳税方法时，A 公司不能抵扣增值税进项税额。

A 公司应缴增值税 =（100-80-8-2）÷（1 + 5%）× 5% = 0.48（万元）

由此可见，选择差额纳税方式与抵扣进项税额的一般计税方法相比，更加节税。

2. 登记为小规模纳税人身份的利弊分析

小规模纳税人提供劳务派遣服务，需要进行认真的测算：不选择差额纳税时，以取得的全部价款和价外费用为销售额，按照简易计税方法依 3% 的征收率计算缴纳增值税；选择差额纳税时，以取得的全部价款和价外费用，扣除代用工单位支付给劳务派遣员工的工资、福利和为其办理社会保险及住房公积金后的余额为销售额，按照简易计税方法依 5% 的征收率计算缴纳增值税。简单来说，可以扣除计税基础的情况下，适用的征收率较高（5%）；而适用较低的征收率（3%）时，不能进行扣除。

企业需要结合财务历史数据和预测的未来财务状况，依照两种计税方法分别计算出税额，进而选择最佳的模式。

此外，选择差额纳税的纳税人，向用工单位收取用于支付给劳务派遣员工工资、福利和为其办理社会保险及住房公积金的费用，不得开具增值税专用发票，可以开具增值税普通发票。

例 7-7：B 公司（劳务派遣公司）为增值税小规模纳税人，与乙公司（用工单位）签订劳务派遣合同，乙公司按期支付劳务派遣公司费用 100 万元（B 劳务派遣公司开具劳务费发票100万元），其中支付被派遣劳动者工资80万元，社保费用8万元，福利费用2万元，管理费用10万元。

分析：B公司为增值税小规模纳税人，可以选择按照收入全额和3%的征收率来计算应缴增值税，也可以选择扣除之后的差额和5%的征收率来计算。

方案一：如果选择收入全额和3%的征收率计算时，

B公司应缴增值税 = 100 ÷（1 + 3%）× 3% = 2.91（万元）

方案二：如果选择照扣除之后的差额和5%的征收率计算时。

B公司应缴增值税 =（100-80-8-2）÷（1 + 5%）× 5% = 0.48（万元）

需要注意的是，本例中选择方案二更加节税，但是需要注意可扣除的工资、福利和为其办理社会保险及住房公积金金额的多少，会直接影响最终计算结果，因此，在实际工作中可能会出现方案一更加节税的情况。

7.6 企业管理服务业管理：物业管理企业

物业管理营改增之前是按照物管费全额的5%缴纳营业税，营改增之后一般纳税人是按照物管费的全额交6%的增值税，由于可以抵扣税款，需要企业认真筹划，强化财务票据管理。

7.6.1 物业公司收取自来水水费

物业管理企业向客户收取的自来水水费，以扣除其对外支付的自来水水费后的余额为销售额，按照简易计税方法依3%的征收率计算缴纳增值税。

7.6.2 物业公司代收水电费

物业公司代收水电费，需同时符合以下条件，不属于物业公司的价外费用。

- 自来水公司、电力公司将发票开具给客户。
- 物业公司将该项发票转交给客户。
- 物业公司按自来水公司、电力公司实际收取的水电费与客户结算。

7.6.3 住宅专项维修基金

住宅专项维修基金，是指物业公司接受业主管理委员会或物业产权人、使用人委托代管的房屋共用部位维修基金和共用设施设备维修基金，不属于增值税征收范围，也不能开具增值税发票。

7.6.4 用工方式筹划

物业公司的人工成本占有较大比重，如果不能取得增值税专用发票，就无法抵扣，会造成税负较高的情况。企业可以外包的方式从外包方取得专用发票。例如，保安、保洁人员从保安公司、保洁公司聘请，直接与对方公司结算。同时对供应商的资质进行筛选，综合考虑能否抵扣、不含税报价等因素。

7.6.5 园林绿化方式筹划

物业管理中经常会涉及园林绿化工程，而针对园林绿化的营改增涉及事项较为复杂，根据苗木是租摆还是出售，以及是否有日常管护等情况，会出现适用完全不同的税率情况。例如，园林绿化属于“建筑服务业”下的“其他建筑服务”，适用 11% 的税率，而销售苗木属于原增值税中的销售农产品，适用 13% 的增值税税率，各种不同的业务组合又存在“混合销售”和“兼营”等规则的适用。因此，物业公司园林绿化的筹划与涉税风险控制关键在于合同签订环节。企业财务应在合同签订之前就对合同约定事项进行测算，筹划最佳绿化方式。

例 7-8：A 物业管理有限公司为增值税一般纳税人，2016 年 10 月发生如下业务。

（1）收取物业费 212 万元（含税）。

（2）出租电梯及户外广告位取得收入 55.5 万元（含税）。

（3）向某供水公司支付水费 20 万元，收取客户水费 21.03 万元。

（4）代收电费 50 万元，发票由某供电公司直接开具给业主。

（5）向某园林公司支付园林维护费用 5.15 万元，收到园林公司从税务机关代开的 3% 增值税专用发票，发票注明的销售额为 5 万元，增值税税额为 0.15 万元。

（6）支付某保安保洁公司 150 万元，由于保安保洁公司采取差额计税方法，只能开具增值税普通发票。

（7）因办公需要，采购办公用品、购进清洁工具作为固定资产，共支付11.7万元，取得增值税专用发票，增值税专用发票注明的销售额为10万元，增值税税额为1.7万元。

（8）物业公司自用巡逻车辆发生油料费1.17万元，增值税专用发票注明的销售额为1万元，增值税税额为0.17万元。

A物业公司10月份应当缴纳多少增值税？

业务分析：A公司为增值税一般纳税人，10月份业务逐项解析如下。

（1）收取物业费适用6%的税率，应计增值税销项税额＝212÷（1＋6%）×6%＝12（万元）。

（2）出租电梯及户外广告位，属于不动产经营租赁服务，适用于11%增值税率，应增值税销项税额＝55.5÷（1＋11%）×11%＝5.5（万元）。

（3）提供物业管理服务的纳税人，向服务接受方收取的自来水水费，以扣除其对外支付的自来水水费后的余额为销售额，按照简易计税方法依3%的征收率计算缴纳增值税，应计增值税销项税额＝（21.03-20）÷（1＋3%）×3%＝0.03（万元）。

（4）代收电费符合代收的相关条件，不计增值税。

（5）允许抵扣增值税0.15万元。

（6）不能取得增值税专用发票，不能抵扣保安、保洁人员的劳务派遣。

（7）允许抵扣增值税1.7万元。

（8）允许抵扣增值税0.17万元。

A公司10月份应纳增值税＝12＋5.5＋0.03-0.15-1.7-0.17＝15.51（万元）。

7.7 旅游服务业攻略

旅游服务业纳税人提供旅游服务，无论是一般纳税人，还是小规模纳税人，都可以选择差额计税，从销售额中扣除6项费用：向旅游服务购买方收取并支付给其他单位或者个人的住宿费、餐饮费、交通费、签证费、门票费和支付给其他接团旅游企业的旅游费用。与原营业税政策相比，可扣除的项目多了一项“签证费”。

可扣除的 6 个项目只有取得有效凭证，才能扣减进行差额征税。有效凭证包括以下内容。

- 支付给境内单位或者个人的款项，以发票为合法有效凭证。
- 支付给境外单位或者个人的款项，以该单位或者个人的签收单据为合法有效凭证，税务机关对签收单据有疑议的，可以要求其提供境外公证机构的确认证明（可以以收据入账并抵扣成本）。
- 缴纳的税款，以完税凭证为合法有效凭证。
- 扣除的政府性基金、行政事业性收费或者向政府支付的土地价款，以省级以上（含省级）财政部门监（印）制的财政票据为合法有效凭证。

如果旅游企业是增值税一般纳税人，在实务操作中由于“有效凭证”中的增值税进项税不得抵扣，因此建议取得增值税普通发票即可。如果取得的是增值税专用发票进行认证的需要作进项税额转出。

选择差额办法计算销售额的试点纳税人，向旅游服务购买方收取并支付的上述费用，不得开具增值税专用发票，可以开具增值税普通发票。

例 7-9：A 旅游公司为增值税一般纳税人，2016 年 8 月发生如下业务。

（1）组织国内旅游，从游客处收取全部收入 100 万元；向旅游地甲旅游公司支付地接团旅游费用 50 万元，取得了增值税普通发票；向其他单位支付住宿费 12.36 万元、餐饮费 5.15 万元、交通费 3.09 万元、门票费 11.2 万元，取得合法票据。

（2）另有 3 万元交通费、门票费，未取得发票，但账务处理时直接记入了当期营业成本。

（3）购进税控设备、系统，取得增值税普通发票，金额为 0.2 万元。

（4）支付房租 8 万元，取得增值税专用发票，发票注明的销售额为 7.21 万元，增值税税额为 0.79 万元，增值税专用发票已经认证相符。

（5）购买办公用品 1.17 万元，取得增值税专用发票，发票注明的销售额为 1 万元，增值税税额为 0.17 万元，增值税专用发票已经认证相符。

业务分析：A 公司为增值税一般纳税人，旅游行业适用 6% 的税率，8 月份业务逐项解析如下。

（1）A 公司以差额计税，8 月份扣减后的销售额 = 100-50-12.36-5.15-3.09-11.2 = 18.2（万元），销项税额 = 18.2 ÷（1 + 6%）× 6% = 1.03（万元）。

（2）为取得合法有效凭证，不得扣减销售额。

（3）税控设备可以全额抵减税款 0.2 万元。

（4）可抵扣进项税额 0.79 万元。

（5）可抵扣进项税额 0.17 万元。

A 公司 8 月份应申报缴纳增值税 =1.03-0.2-0.79-0.17=-0.13（万元），本月留抵税额 0.13 万元，待到下月申报时抵减相应的税额。

7.8 餐饮服务业攻略

餐饮服务业与农产品联系较为紧密，而国税机关对设计农产品的相关行业管理均较为严格，因此，餐饮服务业尤其是一般纳税人需要特别注意的相关政策。

7.8.1 餐饮企业攻略 1：进货渠道影响抵扣类型

餐饮企业如果是增值税一般纳税人，要注意采购的渠道，采购原材料的渠道不同，可以抵扣的进项税额也不同。

如果采购的是农业生产者自产农产品，可以使用国税机关监制的农产品收购发票，可以按照发票价款的 13% 计算抵扣进项税额。

如果采购的不是自产产品，而是生产企业、商业企业销售的农产品，必须取得增值税专用发票才能抵扣。

7.8.2 餐饮企业攻略 2：初级农产品范围很重要

餐饮企业采购原材料加工程度不同，适用的税率不同，可以抵扣的进项税额也不同。

如果是属于“初级农产品”范围的，适用 13% 的税率；如果农产品的加工程度较高，则不属于“初级农产品”的范围，适用 17% 的税率。是否属于“初级农产品”的范围，必须要严格按照《财政部 国家税务总局关于印发〈农业产品征税范围注释〉》的通知执行（财税字〔1995〕52 号）。

因此餐饮企业在采购原材料的时候，就需要综合考虑采购原材料的不同类型的税率和加工成本，以最终确定是选择初级农产品还是加工程度高的产品。

此外，需要特别注意的是，从以往国税机关的管理来看，自行计算“自产农产品”抵扣增值税，一直是监控管理的重点，也是虚开案件中曝光度较高的地方，建议餐饮企业加强自身采购、财务、票据的管理，提高相关从业人员的业务水平，千万不可对“初级农产品”的范围进行想当然的操作，避免踏入“雷区”。

个别试点地区会在餐饮行业推行农产品进项税额核定扣除办法，详情咨询主管税务机关，具体政策可以查询《财政部 国家税务总局关于在部分行业试行农产品增值税进项税额核定扣除办法的通知》（财税〔2012〕38 号）有关规定。

例 7-10：A 餐饮公司为增值税一般纳税人，具备开展农产品收购发票资格，2016 年 9 月发生如下业务。

（1）取得餐饮服务收入 21.2 万元。

（2）从菜农手中购入菜农自产蔬菜 1.13 万元。

（3）从某面粉厂购进面粉 1.17 万元，取得增值税专用发票注明价款 1 万元，税款 0.17 万元，已进行认证抵扣。

（4）购进调味品、辅料 0.5 万元，取得增值税普通发票。

（5）支付房租 8 万元，取得增值税专用发票，发票注明的销售额为 7.21 万元，增值税税额为 0.79 万元，增值税专用发票已经认证相符。

（6）支付水电费，取得增值税专用发票，注明进项税额 0.2 万元。

业务分析：A 公司为增值税一般纳税人，餐饮业适用 6% 的税率，具有自行开具农产品收购发票资格，并且按照 13% 的税率自行开具农产品收购发票。

（1）餐饮服务收入全额计增值税销项税额 = 21.2 ÷（1 + 6%）× 6% = 1.2（万元）。

（2）从农业生产者手中购买自产农产品，可以自行开具农产品收购发票，可以抵扣的进项税额 = 1.13 ÷（1 + 13%）× 13% = 0.13（万元）。

（3）可抵扣进项税额 0.17 万元。

（4）取得增值税普通发票，不能抵扣进项税。

（5）可抵扣进项税额 0.79 万元。

（6）可抵扣进项税额 0.2 万元。

A 公司 9 月份应申报缴纳的增值税 =1.2-0.13-0.17-0.79-0.2=0.08（万元）。

7.9 住宿服务业攻略

对住宿业影响最大的营改增政策，就是国家税务总局的 44 号公告《关于部分地区开展住宿业增值税小规模纳税人自开增值税专用发票试点工作有关事项的公告》（公告 2016 年第 44 号）。

自 2016 年 8 月 1 日起，在全国 91 个试点城市（具体城市名单见相关政策）月销售额超过 3 万元（或季销售额超过 9 万元）的住宿业增值税小规模纳税人可自行开具增值税专用发票，而不需要到主管国税机关进行代开。

住宿业小规模纳税人自行开增值税专用发票的条件有两个：一是纳税人所处的位置在 91 个试点城市之中；二是销售额超过免税标准（月销售额 3 万元，季度销售额 9 万元），免税的小规模纳税人不能自行开具增值税专用发票。

但是，需要注意的是：试点纳税人销售其取得的不动产，需要开具增值税专用发票的，仍须向地税机关申请代开。

例 7-11：A 宾馆位于北京，为增值税小规模纳税人，具备自行开具增值税专用发票资格，2016 年 9 月开具增值税专用发票 51.5 万元（含税）；另取得不开票收入 20 万元（含税）。

业务分析：A 宾馆为增值税小规模纳税人，适用 3% 的征收率，尽管属于试点地区可以开具增值税专用发票，但其进项税不能抵扣。开具增值税专用发票上的税额按照 3% 的征收率计算其中增值税税款 = 51.5 ÷（1 + 3%）× 3% = 1.5 万元，不开票收入应缴纳增值税 20 ÷（1+3%）× 3% = 0.58（万元），A 宾馆 9 月份应缴纳的增值税为 1.5+0.58 = 2.08（万元）。

例 7-12：B 宾馆为增值税一般纳税人，2016 年 9 月开具增值税专用发票 51.5 万元（含税），其中增值税税款为 1.5 万元；另取得不开票收入 20 万元（含税）；当月购买宾馆日常用品、清洁服务，共取得并认证增值税专用发票进项税 3 万元。

业务分析：B 宾馆为增值税一般纳税人，适用 6% 的征收率，尽管属于试点地区可以开具增值税专用发票，但其进项税不能抵扣，增值税专用发票上的税额按照 3% 的征收率计算，A 宾馆 9 月份应缴纳的增值税 =（51.5+20）÷（1 + 3%）× 3% = 2.08（万元）。

第 8 章

优惠政策攻略

全面推开的营改增税收优惠政策，基本继承了原来征收营业税时对四大行业的税收优惠政策，原来免征营业税的，营改增后出台的新政策继续免征增值税。同时，针对特定行业采取过渡性措施，确保所有行业税负只减不增，此次全面推开营改增特别强调了减轻所有行业税负，因此，营改增税收优惠政策数量多、种类复杂，需要企业认真研究，采用对自身最有利的税收优惠政策。

8.1 增值税优惠政策有哪些

增值税的税收优惠政策极其庞杂，涉及范围广泛、形式多样、内容细致，针对不同的优惠，所需的资料、办理的程序也各不相同。增值税的优惠类型主要有以下几种。

- 个体工商户起征点政策和小微企业增值税优惠。
- 免征增值税优惠（其中涉及营改增 40 个直接免税项目，基本延续原有营业税优惠政策）。
- 增值税即征即退优惠（其中涉及营改增 3 个项目）。
- 扣减增值税优惠（其中涉及营改增 4 个项目）。

• 跨境零税率优惠。
• 差额计税（其中涉及营改增 22 项）。
• 一般纳税人可选择简易计税方法（其中涉及营改增 14 项）。

8.2 个体工商户起征点政策和小微企业免征增值税政策

这两项政策的核心都是：小规模纳税人月销售额不超过 3 万元（按季纳税 9 万元）的，免征增值税。但具体涉及两种不同性质的纳税人：个体工商户和小微企业。具体的优惠政策也是两个不同的文件规定的。

8.2.1 个体工商户起征点政策

起征点的调整是由财政部和国家税务总局规定总体幅度，各个省、自治区、直辖市财政厅（局）和国家税务局在规定的幅度内，具体确定本地区适用的起征点，并报财政部和国家税务总局备案。

从实务工作来看，一般各地区都会选择月销售额不超过 3 万元（按季纳税 9 万元），来与小微企业的相关政策保持一致，确保税收政策的中性。

对于个体工商户来说，定税税额不超过该数目既不需缴纳也无需申报（税务机关会替个体定额商户自动申报）。但是需要注意的是，以下两种情况，仍需要申报缴税。

（1）发票开具额度超过起征点。个体工商户当月（季度）开具的发票不含税金额超过起征点的，需要据实申报纳税。

（2）代开增值税专用发票。个体工商户由于业务需要，可以到主管税务机关代开增值税专用发票，并按照适用税率缴税。这种情况下，适用按此缴税的政策，税款在代开时会直接征收。

案例 8-1：A 某为个体工商户，税务机关核定其季度销售额为 5 万元，未达起征点，领用定额发票。8 月份，A 某与甲公司发生一笔 2 万元业务，甲公司要求 A 某开具增值税专用发票。

案例解析：A 某为未达起征点个体双定户，不得自行开具增值税专用发票，需要开具增值税专用发票时，要到主管税务机关申请代开，同时要按 20 000 ÷（1

+ 3%）×3% = 582.53 元缴纳相应税款。

A 某需要携带税务登记证副本，到主管国税局办税服务厅，填写《代开增值税专用发票缴纳税款申报单》，先申报缴纳税款 582.53 元。税务机关确认纳税人已按申报单上的税额缴纳税款后，为纳税人代开增值税专用发票，同时在其报送的申报单上注明发票代码、发票号码，并加盖印章。甲某拿到增值税专用发票之后，需要在备注栏上加盖本单位的发票专用章。

8.2.2 小微企业免征增值税政策

月销售额不超过 3 万元（含 3 万元），以季度为纳税期限的增值税小规模纳税人季度销售额或营业额不超过 9 万元的，可享受小微企业增值税税收免税优惠政策。

符合小微企业增值税优惠政策规定条件的小规模纳税人（办理代开增值税专用发票预缴税款的小微退税业务除外），不需要到主管国税机关办理任何免税备案手续，只需要在纳税申报期准确填列《增值税纳税申报表（小规模纳税人适用）》，即可享受免税政策。

小微企业免征增值税需要重点注意以下问题。

1. 混业经营的销售额确定标准

混业经营，是指企业兼有不同税率或者征收率的销售货物、提供加工修理修配劳务或者应税服务。

对混业小规模纳税人，增值税应税项目合计不超过 3 万元的可享受小微企业增值税税收优惠政策，合计超过 3 万元的，全额征收增值税。

2. 差额征税的销售额确定标准

按照增值税差额征收政策征收的增值税小规模纳税人，以差额前的销售额确定是否可以享受 3 万元（按季纳税 9 万元）以下免征增值税政策。

3. 出租不动产预收租金销售额确定标准

按照目前政策，仅有自然人（文件中称“其他个人”），（个体工商户需比照小微企业政策）采取预收款形式出租不动产，取得的预收租金收入，可在预收款对应的租赁期内平均分摊，分摊后的月租金收入不超过 3 万元的，可享受小微企业免征增值税优惠政策。

对于小微企业，只能按照《财政部国家税务总局关于全面推开营业税改征增值税试点的通知》（财税〔2016〕36号）文件"附件一"第四十五条的规定——"纳税人提供建筑服务、租赁服务采取预收款方式的，其纳税义务发生时间为收到预收款的当天。"来确认租金收入。即小微企业不能将预收的租金分摊到月来适用免税政策，只能在收到预收款的当天一次性确认收入。

4. 偶然转让不动产销售额确定标准

小微企业转让不动产，不享受小微企业暂免征收增值税优惠政策。但是，偶然发生的转让不动产的销售额，不计入应税行为"年"应税销售额。因此，虽然不享受免税政策，但是也不会因为偶然发生的巨大的销售额而改变小微企业的身份。

5. 文化事业建设费同样享受减免

根据《财政部国家税务总局关于对小微企业免征有关政府性基金的通知》（财税〔2014〕122号）规定，对按月纳税的月销售额或营业额不超过3万元（含3万元），以及按季纳税的季度销售额或营业额不超过9万元（含9万元）的缴纳义务人，免征教育费附加、地方教育附加、水利建设基金、文化事业建设费。

因此，小微企业的免征政策保持了一致，即小微企业免征增值税的同时，同样免征教育费附加、地方教育附加、水利建设基金、文化事业建设费。

案例8-2：A旅游公司是增值税小规模纳税人，采用差额计税方法计税，2016年9月，取得旅游收入5万元，向其他单位支付住宿费、餐饮费、交通费、门票费共计4万元，均取得合法票据。A公司自有房产3套自用，因经营策略发生变化，除将其中1套房产继续作为经营场所使用外，对其他2套住房做如下处理：将其中1套房产出租给甲公司经营用，一次性收取12个月房租24万元，甲公司要求开具增值税专用发票；将另外1套以600万元价格出售，该房产购买时价格为400万元。

案例解析：A旅游公司适用差额计税方法计税，以差额前的收入，即50 000÷（1＋3%）＝48 543.69元来判断，超过3万元，不属于免征，应按照（50 000-30 000）÷（1＋3%）×3%＝582.52元缴纳增值税。

A公司出租房屋取得的收入，不能按照租赁期内平均每个月2万元来计算增值税，应按照一次性收款金额，即240 000÷（1＋3%）×3%＝6 990.29元计算缴纳增值税。A公司为小规模纳税人，不能自行开具增值税专用发票，需要到主管税务机关申请代开增值税专用发票，并预缴税款。

A 公司销售房产属于不动产销售项目，应按照以下计税方法在不动产所在地地税局预缴税款后，向机构所在地主管税务机关进行纳税申报。以取得的全部价款和价外费用减去该项不动产购置原价或者取得不动产时的作价后的余额，即 600-400 = 200 万元为销售额，按照 5% 的征收率计算应纳税额 = 200 ÷（1 + 5%）× 5% = 9.52 万元。

此外，尽管 A 公司由于出售不动产导致销售收入超过了 500 万元，但是属于偶然发生的不动产转让，其销售额不计入应税行为年应税销售额，不属于达到登记增值税一般纳税人的销售额标准要求，可以不登记为增值税一般纳税人。

8.3 免征增值税的项目

财税〔2016〕36 号文中列举了大量免征增值税项目，税收优惠力度堪称空前。

8.3.1 营改增免税、扣减增值税项目汇总

营改增 50 项收入直接免税，4 项收入扣减增值税，基本延续原有营业税优惠政策。

1. 交通运输业 2 项收入免税

- 我国台湾地区的航运公司、航空公司从事海峡两岸海上直航、空中直航业务在大陆取得的运输收入。
- 纳税人提供的直接或者间接国际货物运输代理服务。

2. 金融保险业 9 项收入免税，1 项扣减增值税

- 统借统还业务中，企业集团或企业集团中的核心企业以及集团所属财务公司按不高于支付给金融机构的借款利率水平或者支付的债券票面利率水平，向企业集团或者集团内下属单位收取的利息。
- 被撤销金融机构以货物、不动产、无形资产、有价证券、票据等财产清偿债务。
- 保险公司开办的一年期以上人身保险产品取得的保费收入。
- 合格境外投资者（QFII）委托境内公司在我国从事证券买卖业务。
- 我国香港地区的市场投资者（包括单位和个人）通过沪港通买卖上海证券

交易所上市 A 股。

- 我国香港地区的市场投资者（包括单位和个人）通过基金互认买卖内地基金份额。
- 证券投资基金（包括封闭式证券投资基金、开放式证券投资基金）管理人运用基金买卖股票、债券。
- 金融同业往来利息收入。
- 担保机构从事中小企业信用担保或者在担保业务取得的收入。
- 金融企业发放贷款后，自结息日起 90 天后发生的应收未收利息需按规定缴纳增值税（扣减增值税）。

3. 生活服务业 9 项收入免税，涵盖了教育、养老、医疗、婚介、殡葬等行业

- 托儿所、幼儿园提供的保育和教育服务收入。
- 养老机构提供的养老服务收入。
- 婚姻介绍服务收入。
- 殡葬服务收入。
- 医疗机构提供的医疗服务收入。
- 从事学历教育的学校提供的教育服务收入。
- 政府举办的从事学历教育的高等、中等和初等学校（不含下属单位），举办进修班、培训班取得的全部归该学校所有的收入。
- 政府举办的职业学校设立的主要为在校学生提供实习场所，并由学校出资自办、由学校负责经营管理，经营收入归学校所有的企业，从事《销售服务、无形资产或者不动产注释》中“现代服务”（不含融资租赁服务、广告服务和其他现代服务）、“生活服务”（不含文化体育服务、其他生活服务和桑拿、氧吧）业务活动所取得的收入。
- 家政服务企业由员工制家政服务员提供家政服务取得的收入。

4. 现代服务业 2 项收入免税

- 纳税人提供技术转让、技术开发和与之相关的技术咨询、技术服务收入。
- 符合条件的合同能源管理服务收入。

5. 涉及农业、农村、农民营改增部分 3 项收入免税

- 农业机耕、排灌、病虫害防治、植物保护、农牧保险以及相关技术培训业务，家禽、牲畜、水生动物的配种和疾病防治收入。

- 2016 年 12 月 31 日前，金融机构农户小额贷款的利息收入。
- 将土地使用权转让给农业生产者用于农业生产的收入。

6. 残疾人扶助 2 项收入免税

- 残疾人福利机构提供的育养服务。
- 残疾人员本人为社会提供的服务。

7. 军属、转业军人优惠（2 项免税，1 项扣减增值税）

- 随军家属就业按照相关条件免税。
- 军队转业干部就业按照相关条件免税。
- 退役士兵创业就业（扣减增值税）。

8. 与个人相关的营改增优惠政策 6 项收入免税，2 项扣减增值税

- 学生勤工俭学提供的服务收入。
- 国家助学贷款的利息收入。
- 个人转让著作权收入。
- 个人销售自建自用住房收入。
- 涉及家庭财产分割的个人无偿转让不动产、土地使用权。包括下列情形：离婚财产分割；无偿赠与配偶、父母、子女、祖父母、外祖父母、孙子女、外孙子女、兄弟姐妹；无偿赠与对其承担直接抚养或者赡养义务的抚养人或者赡养人；房屋产权所有人死亡，法定继承人、遗嘱继承人或者受遗赠人依法取得房屋产权。
- 个人从事金融商品转让业务的收入。
- 重点群体（失业群体、自主创业高校毕业生）创业就业（扣减增值税）。
- 个人卖房（已购买 2 年以上）（扣减增值税）。

9. 国家机关、军队、行政事业单位、宗教社会团体等特殊社会活动 15 项收入免税

- 纪念馆、博物馆、文化馆、文物保护单位管理机构、美术馆、展览馆、书画院、图书馆在自己的场所提供文化体育服务取得的第一道门票收入。
- 寺院、宫观、清真寺和教堂举办文化、宗教活动的门票收入。
- 行政单位之外的其他单位收取的符合《试点实施办法》第十条规定条件的政府性基金和行政事业性收费。
- 公共租赁住房经营管理单位出租公共租赁住房收入。
- 国债、地方政府债的利息收入。

- 人民银行对金融机构的利息收入。
- 住房公积金管理中心用住房公积金在指定的委托银行发放的个人住房贷款的利息收入。
- 外汇管理部门在从事国家外汇储备经营过程中，委托金融机构发放的外汇贷款的利息收入。
- 国家商品储备管理单位及其直属企业承担商品储备任务，从中央或者地方财政取得的利息补贴收入和价差补贴收入。
- 科普单位的门票收入，以及县级及以上党政部门和科协开展科普活动的门票收入。
- 福利彩票、体育彩票的发行收入。
- 军队空余房产租赁收入。
- 为了配合国家住房制度改革，企业、行政事业单位按房改成本价、标准价出售住房取得的收入。
- 土地所有者出让土地使用权和土地使用者将土地使用权归还给土地所有者收入。
- 县级以上地方人民政府或自然资源行政主管部门出让、转让或收回自然资源使用权收入（不含土地使用权）。

8.3.2 税收优惠政策备案

纳税人首次申请享受税收优惠政策时，应向主管税务机关提供要求的备案资料（不同优惠事项，所需报送资料也不同，详情请在办理前咨询主管税务机关）。如果未按照规定履行备案手续的，会受到税务机关的处理。

在符合减免税条件期间内，备案资料内容不发生变化的，可进行一次性备案。减税、免税条件发生变化的，应当向税务机关报告，重新备案。如不再符合减免税规定，应当停止享受减免税，按照规定进行纳税申报。

下列免税项目不需要备案。

- 残疾人员本人为社会提供的服务。
- 其他个人转让著作权。
- 其他个人销售自建自用住房。
- 涉及家庭财产分割的其他个人无偿转让不动产、土地使用权。

8.3.3 放弃免税、减税的规定

企业可以选择放弃免税、减税政策，并在 36 个月内不得再申请免税、减税。需要特别注意的是，放弃免税权也要备案。不得选择某一免税项目放弃免税权，也不得根据不同的销售对象选择部分货物或劳务放弃免税权。

一般纳税人需要注意，在免税期内购进用于免税项目的货物或劳务以及发生的应税行为所取得的增值税扣税凭证，一律不得抵扣。不得抵扣的进项税额按照如下公式计算：

不得抵扣的进项税额 = 当期无法划分的全部进项税额 ×（当期简易计税方法计税项目销售额 + 免征增值税项目销售额）÷ 当期全部销售额

放弃免税权之后，就可以开具增值税专用发票。

8.4 跨境零税率与免税

由于免税销售不能抵扣进项税，因此，零税率是一种比免税优惠力度更大的优惠方式，不但销售时税率为 0，而且允许抵扣进项税额，即可以得到退税。具体应用零税率还是免税，或是放弃免税的纳税筹划，详见第 9 章。

跨境应税行为的税收优惠分为两种：零税率和免税。企业销售适用增值税零税率的服务或无形资产的，可以放弃适用增值税零税率，选择免税或按规定缴纳增值税。放弃适用增值税零税率后，36 个月内不得再申请适用增值税零税率。

境内的单位和个人销售适用增值税零税率的服务或无形资产，按月向主管退税的税务机关申报办理增值税退（免）税手续。

发生的与我国香港地区、澳门地区、台湾地区有关的应税行为，除另有规定外，也参照跨境应税行为的规定执行。

境内的单位和个人提供适用增值税零税率的服务或者无形资产，如果属于适用简易计税方法的，实行免征增值税办法。如果属于适用增值税一般计税方法的，生产企业实行免抵退税办法；外贸企业外购服务或者无形资产出口实行免退税办法；外贸企业直接将服务或自行研发的无形资产出口，视同生产企业连同其出口货物统一实行免抵退税办法。

8.4.1 国际运输服务的零税率与免税政策

国际运输企业，如果能够按照国家有关规定取得相关资质，国际运输服务项目适用增值税零税率政策；如果不能取得的，适用增值税免税政策。

企业零税率的申请方，应按照如下规定操作。

- 境内的单位或个人提供程租服务，如果租赁的交通工具用于国际运输服务和我国港澳台地区运输服务，由出租方按规定申请适用增值税零税率。
- 境内的单位和个人向境内单位或个人提供期租、湿租服务，如果承租方利用租赁的交通工具向其他单位或个人提供国际运输服务和我国港澳台地区运输服务，由承租方适用增值税零税率。境内的单位或个人向境外单位或个人提供期租、湿租服务，由出租方适用增值税零税率。
- 境内单位和个人以无运输工具承运方式提供的国际运输服务，由境内实际承运人适用增值税零税率；无运输工具承运业务的经营者适用增值税免税政策。
- 航天运输服务适用零税率优惠政策。以无运输工具承运方式提供的国际运输服务只能适用免税政策，而不能适用零税率政策。

8.4.2 金融业跨境免税业务

金融企业为境外单位之间的货币资金融通及其他金融业务提供的直接收费金融服务，且该服务与境内的货物、无形资产和不动产无关的，适用增值税免税政策。

8.4.3 为出口货物提供的相关服务免税

为出口货物提供的邮政服务、收派服务、保险服务（包括出口货物保险和出口信用保险），适用增值税免税政策。

8.4.4 有境外地点的服务适用免税政策

下列服务都有明确的境外地点，如工程、勘探、会议展览、仓储等业务，适用增值税免税政策。

- 工程项目在境外的建筑服务。

- 工程项目在境外的工程监理服务。
- 工程、矿产资源在境外的工程勘察勘探服务。
- 会议展览地点在境外的会议展览服务。
- 存储地点在境外的仓储服务。
- 标的物在境外使用的有形动产租赁服务。
- 在境外提供的广播影视节目（作品）的播映服务。
- 在境外提供的文化体育服务、教育医疗服务、旅游服务。

8.4.5 向境外单位提供的完全在境外消费的服务

向境外单位提供的完全在境外消费的服务，其中的“完全在境外消费”是指符合以下 3 种条件之一的情形。

- 服务的实际接受方在境外，且与境内的货物和不动产无关。
- 无形资产完全在境外使用，且与境内的货物和不动产无关。
- 财政部和国家税务总局规定的其他情形。

1. 10 项向境外单位提供的完全在境外消费的服务，适用零税率政策

- 研发服务。
- 合同能源管理服务。
- 设计服务。
- 广播影视节目（作品）的制作和发行服务。
- 软件服务。
- 电路设计及测试服务。
- 信息系统服务。
- 业务流程管理服务。
- 离岸服务外包业务。
- 转让技术。

2. 8 项向境外单位提供的完全在境外消费的服务，适用增值税免税政策

- 电信服务。
- 知识产权服务。
- 物流辅助服务（仓储服务、收派服务除外）。
- 鉴证咨询服务。

- 专业技术服务。
- 商务辅助服务。
- 广告投放地在境外的广告服务。
- 无形资产。

8.5 具体优惠政策解析

除了上述的优惠政策，笔者将营改增企业、小微企业、创业企业经常会用到的税收优惠政策进行了梳理解析。

8.5.1 技术转让、技术开发免税政策解析

企业提供的技术转让、技术开发，以及与之相关的技术咨询、技术服务适用增值税免税政策。

1. 技术转让、技术开发

是指技术开发服务，即就新技术、新产品、新工艺或者新材料及其系统进行研究与试验开发的业务活动。

2. 技术咨询

是指就特定技术项目提供可行性论证、技术预测、专题技术调查、分析评价报告等业务活动。

3. 与技术转让、技术开发相关的技术咨询、技术服务

是指转让方（或者受托方）根据技术转让或者开发合同的规定，为帮助受让方（或者委托方）掌握所转让（或者委托开发）的技术，而提供的技术咨询、技术服务业务，且这部分技术咨询、技术服务的价款与技术转让或者技术开发的价款应当在同一张发票上开具。

备案程序如下：申请免征增值税时，须持技术转让、开发的书面合同，到纳税人所在地省级科技主管部门进行认定，并持有关的书面合同和科技主管部门审核意见证明文件报主管税务机关备查。

8.5.2 家政服务企业免税政策解析

家政服务企业由“员工制”家政服务员提供家政服务取得的收入免征增值税。

家政服务企业是指在企业营业执照的规定经营范围中包括家政服务内容的企业。其中“员工制家政服务员”，是指同时符合下列 3 个条件的家政服务员。

- 依法与家政服务企业签订半年及半年以上的劳动合同或者服务协议，且在该企业实际上岗工作。
- 家政服务企业为其按月足额缴纳了企业所在地人民政府根据国家政策规定的基本养老保险、基本医疗保险、工伤保险、失业保险等社会保险。
- 对已享受新型农村养老保险和新型农村合作医疗等社会保险或者下岗职工原单位继续为其缴纳社会保险的家政服务员，如果本人书面提出不再缴纳企业所在地人民政府根据国家政策规定的相应的社会保险，并出具其所在乡镇或者原单位开具的已缴纳相关保险的证明，可视同家政服务企业已为其按月足额缴纳了相应的社会保险。

家政服务企业通过金融机构向其实际支付不低于企业所在地适用的、经省级人民政府批准的最低工资标准的工资。

案例 8-3：A 家政服务公司，利用自己掌握大量家政服务员的相关信息，帮客户选择合适的家政服务员，就介绍的业务予以相应的提成，收取一定的手续费。在员工管理上并未与其家政服务员签订相应的劳动合同或服务协议，在承接业务时，该公司更多的是提供牵线搭桥的事项，A 家政公司能否享受减免税的优惠政策。

案例解析：家政公司要想享受营改增免税政策，“员工制”是硬性条件。A 家政公司的经营性质本质上属于中介类，而非家政服务企业，因此不满足政策规定中的 3 个条件，因而不能办理免税备案。

8.5.3 军转干部就业优惠政策解析

持有师以上部队颁发的转业证件的自主择业军队转业干部，享受以下增值税免税政策：

1. 自主从事个体经营的军转干部

自领取税务登记证之日起，其提供的应税服务 3 年内免征增值税。

2. 企业吸纳军转干部

为安置自主择业的军队转业干部就业而新开办的企业，凡安置自主择业的军队转业干部占企业总人数60%（含）以上的，自领取税务登记证之日起，其提供的应税服务3年内免征增值税。

8.5.4 军队退役士兵就业扣减增值税政策解析

1. 自主从事个体经营的退役士兵

在3年内按每户每年8 000元为限额依次扣减其当年实际应缴纳的增值税、城市维护建设税、教育费附加、地方教育附加和个人所得税。限额标准最高可上浮20%，各省、自治区、直辖市人民政府可根据本地区实际情况在此幅度内确定具体限额标准，并报财政部和国家税务总局备案。

享受该项税收优惠政策，须持《中国人民解放军义务兵退出现役证》或《中国人民解放军士官退出现役证》以及税务机关要求的相关材料向主管税务机关备案。

如果年度应缴纳税款小于上述扣减限额的，以其实际缴纳的税款为限；如果大于上述扣减限额的，应以上述扣减限额为限。

如果实际经营期不足一年的，应当以实际月份换算其减免税限额。换算公式为：

减免税限额＝年度减免税限额 ÷12× 实际经营月数

2. 企业吸纳退役士兵就业

对商贸企业、服务型企业、劳动就业服务企业中的加工型企业和街道社区具有加工性质的小型企业实体，在新增加的岗位中，当年新招用自主就业退役士兵，与其签订1年以上期限劳动合同并依法缴纳社会保险费的，在3年内按实际招用人数予以定额依次扣减增值税、城市维护建设税、教育费附加、地方教育附加和企业所得税优惠。定额标准为每人每年4 000元，最高可上浮50%，各省、自治区、直辖市人民政府可根据本地区实际情况在此幅度内确定具体定额标准，并报财政部和国家税务总局备案。

企业自招用自主就业退役士兵的次月起享受税收优惠政策，并于享受税收优惠政策的当月，持下列材料向主管税务机关备案。

- 新招用自主就业退役士兵的《中国人民解放军义务兵退出现役证》或《中国人民解放军士官退出现役证》。
- 企业与新招用自主就业退役士兵签订的劳动合同（副本），企业为职工缴纳的社会保险费记录。

- 自主就业退役士兵本年度在企业工作时间表。
- 主管税务机关要求的其他相关材料。

企业按招用人数和签订的劳动合同时间核定企业减免税总额，在核定减免税总额内每月依次扣减增值税、城市维护建设税、教育费附加和地方教育附加。实际应缴纳的增值税、城市维护建设税、教育费附加和地方教育附加小于核定减免税总额的，以实际应缴纳的增值税、城市维护建设税、教育费附加和地方教育附加为限；实际应缴纳的增值税、城市维护建设税、教育费附加和地方教育附加大于核定减免税总额的，以核定减免税总额为限。

纳税年度终了，如果企业实际减免的增值税、城市维护建设税、教育费附加和地方教育附加小于核定的减免税总额，企业在企业所得税汇算清缴时扣减企业所得税。当年扣减不足的，不再结转以后年度扣减。计算公式为：

企业减免税总额 =∑每名自主就业退役士兵本年度在本企业工作月份 ÷12×定额标准

该项税收优惠政策的执行期限截至 2016 年 12 月 31 日，在此之前未享受满 3 年的，可继续享受至 3 年期满为止。据笔者分析，该项优惠政策到期之后，会有后续优惠政策进行延续，请持续关注相关政策。

8.5.5 失业群体、大学生自主创业就业优惠政策解析

享受该项优惠政策的人员申领相关凭证后，由就业和创业地人力资源社会保障部门对人员范围、就业失业状态、已享受政策情况进行核实，在《就业创业证》上注明“自主创业税收政策”“毕业年度内自主创业税收政策”或“企业吸纳税收政策”字样，同时符合自主创业和企业吸纳税收政策条件的，可同时加注；主管税务机关在《就业创业证》上加盖戳记，注明减免税所属时间。

该项税收优惠政策的执行期限截至 2016 年 12 月 31 日，在此之前未享受满 3 年的，可继续享受至 3 年期满为止。据笔者分析，该项优惠政策到期之后，会有后续优惠政策进行延续，请持续关注相关政策。

申领《就业创业证》应按以下规定进行。

- 按照《就业服务与就业管理规定》（劳动和社会保障部令第 28 号）第六十三条的规定，在法定劳动年龄内，有劳动能力，有就业要求，处于无

业状态的城镇常住人员，在公共就业服务机构进行失业登记，申领《就业创业证》。其中，农村进城务工人员和其他非本地户籍人员在常住地稳定就业满 6 个月的，失业后可以在常住地登记。

- 零就业家庭凭社区出具的证明，城镇低保家庭凭低保证明，在公共就业服务机构登记失业，申领《就业创业证》。
- 毕业年度内高校毕业生在校期间凭学生证向公共就业服务机构按规定申领《就业创业证》，或委托所在高校就业指导中心向公共就业服务机构按规定代为申领《就业创业证》；毕业年度内高校毕业生离校后可直接向公共就业服务机构按规定申领《就业创业证》。

1. 自主从事个体经营

在 3 年内按每户每年 8 000 元为限额依次扣减其当年实际应缴纳的增值税、城市维护建设税、教育费附加、地方教育附加和个人所得税。限额标准最高可上浮 20%，各省、自治区、直辖市人民政府可根据本地区实际情况在此幅度内确定具体限额标准，并报财政部和国家税务总局备案。

纳税人年度应缴纳税款小于上述扣减限额的，以其实际缴纳的税款为限；大于上述扣减限额的，应以上述扣减限额为限。

自主创业群体须持《就业创业证》（或 2015 年 1 月 27 日前取得的《就业失业登记证》）（注明“自主创业税收政策”或“毕业年度内自主创业税收政策”或附着《高校毕业生自主创业证》），且必须符合以下条件。

- 在人力资源社会保障部门公共就业服务机构登记失业半年以上的人员。
- 零就业家庭、享受城市居民最低生活保障家庭劳动年龄内的登记失业人员。
- 毕业年度内高校毕业生。高校毕业生是指实施高等学历教育的普通高等学校、成人高等学校毕业的学生；毕业年度是指毕业所在自然年，即 1 月 1 日至当年 12 月 31 日。

案例 8-4：A 某于 2016 年 7 月成立餐厅从事个体经营，符合自主创业的减免税条件。A 某餐厅 2016 年应缴：营改增增值税 1 980 元，城市维护建设税 138.6 元及个人所得税 500 元。A 某所在地省人民政府已规定重点群体从事个体经营免税限额为 8 000 元。

案例解析：A 某餐厅 2016 年度经营时间为 6 个月，可享受的税收扣减限额为：$8\,000 \div 12 \times 6 = 4\,000$（元）。

A 某餐厅 2016 年可以享受的该项税收扣减限额为 4 000 元，扣减营改增增值税 1 980 元、扣减城市维护建设税 138.6 元、扣减个人所得税 500 元，共计 2 618.6 元，剩余 1 381.4 元不得结转下年使用。

2. 企业吸纳就业

对商贸企业、服务型企业、劳动就业服务企业中的加工型企业和街道社区具有加工性质的小型企业实体，在新增加的岗位中，当年新招用在人力资源社会保障部门公共就业服务机构登记失业半年以上且持《就业创业证》或 2015 年 1 月 27 日前取得的《就业失业登记证》（注明“企业吸纳税收政策”）的人员，与其签订 1 年以上期限劳动合同并依法缴纳社会保险费的，在 3 年内按实际招用人数予以定额依次扣减增值税、城市维护建设税、教育费附加、地方教育附加和企业所得税优惠。定额标准为每人每年 4 000 元，最高可上浮 30%，各省、自治区、直辖市人民政府可根据本地区实际情况在此幅度内确定具体定额标准，并报财政部和国家税务总局备案。

按上述标准计算的税收扣减额应在企业当年实际应缴纳的增值税、城市维护建设税、教育费附加、地方教育附加和企业所得税税额中扣减，当年扣减不足的，不得结转下年使用。

案例 8-5：A 公司为生活服务型企业，2016 年 1 月任职的符合条件的失业人员为 20 人，2016 年 6 月新增 10 人。A 公司 2016 年应缴纳税款如下：1 ～ 4 月营业税 20 000 元、5 ～ 12 月营改增增值税 80 000 元、城市维护建设税 7 000 元、教育费附加 3 000 元、地方教育附加 2 000 元，汇算清缴时应缴企业所得税 10 000 元。A 公司所在甲省确定的招录重点群体就业定额扣减标准为每人每年 5 200 元。

案例解析：A 公司 2016 年 1 ～ 6 月符合条件的失业人员为 20 人，7 ～ 12 月符合条件的失业人员为 30 人，全年扣减税款总额为 =（20×6 ＋ 30×6）÷12×5 200 ＝ 130 000 元。

A 公司享受的 130 000 元的减免税额，先扣除应缴的营业税 20 000 元、营改增增值税 80 000 元、城市维护建设税 7 000 元、教育费附加 3 000 元、地方教育费附加 2 000 元，共计 112 000 元，全部予以扣减；汇算清缴时再将应缴的企业所得税 10 000 元全额扣减；剩余差额，即 130 000-112 000-10 000 ＝ 8 000 元没有扣减，则不得结转下年再扣减。

8.5.6 安置残疾人就业增值税即征即退政策解析

由于残疾人员本人为社会提供的服务免税，本部分内容只介绍安置残疾人就业企业的增值税优惠政策（包括企业和个体工商户）。

企业享受安置残疾人就业即征即退增值税政策的，需要办理相关备案。首次申请享受税收优惠政策的，应向主管税务机关提供以下备案资料。

- 《税务资格备案表》。
- 安置的残疾人的《中华人民共和国残疾人证》或者《中华人民共和国残疾军人证（1至8级）》复印件，注明与原件一致，并逐页加盖公章。安置精神残疾人的，提供精神残疾人同意就业的书面声明以及其法定监护人签字或印章的证明精神残疾人具有劳动条件和劳动意愿的书面材料。
- 安置的残疾人的身份证明复印件，注明与原件一致，并逐页加盖公章。

备案资料发生变化的，应于发生变化之日起15日内就变化情况向主管税务机关办理备案。

企业本期应退增值税额按以下公式计算：

本期应退增值税额＝本期所含月份每月应退增值税额之和

月应退增值税额＝纳税人本月安置残疾人员人数×本月月最低工资标准的4倍

月最低工资标准，是指纳税人所在区县（含县级市、旗）适用的经省（含自治区、直辖市、计划单列市）人民政府批准的月最低工资标准。

纳税人本期已缴增值税额小于本期应退税额不足退还的，可在本年度内以前纳税期已缴增值税额扣除已退增值税额的余额中退还，仍不足退还的可结转本年度内以后纳税期退还。年度已缴增值税额小于或等于年度应退税额的，退税额为年度已缴增值税额；年度已缴增值税额大于年度应退税额的，退税额为年度应退税额。年度已缴增值税额不足退还的，不得结转以后年度退还。

新安置的残疾人从签订劳动合同并缴纳社会保险的次月起计算，其他职工从录用的次月起计算；安置的残疾人和其他职工减少的，从减少当月计算。

企业申请退还增值税时，还需报送如下资料。

①《退（抵）税申请审批表》。

②《安置残疾人纳税人申请增值税退税声明》（见附件）。

③当期为残疾人缴纳社会保险费凭证的复印件及由纳税人加盖公章确认的注明缴纳人员、缴纳金额、缴纳期间的明细表。

④当期由银行等金融机构或纳税人加盖公章的按月为残疾人支付工资的清单。

特殊教育学校举办的企业，申请退还增值税时，不提供资料③和资料④。

此外，企业需要注意修改资料的保存。纳税人申请享受税收优惠政策的，应对报送资料的真实性和合法性承担法律责任。主管税务机关应对纳税人提供资料的完整性和增值税退税额计算的准确性进行审核。

享受促进残疾人就业增值税优惠政策的纳税人，对能证明或印证符合政策规定条件的相关材料负有留存备查义务。纳税人在税务机关后续管理中不能提供相关材料的，不得继续享受优惠政策。税务机关应追缴其相应纳税期内已享受的增值税退税，并依照税收征管法及其实施细则的有关规定处理。

主管税务机关会在每年 2 月底之前，在其网站或办税服务厅，将上一年度享受安置残疾人增值税优惠政策的纳税人信息（包括纳税人名称、纳税人识别号、法人代表、计算退税的残疾人职工人次等）予以公示。

8.6 个人转让住房

在第 1 章的“1.2.3 二手房交易保持不变，税负略有降低”中已经介绍过，个人卖房不同地区、不同购买时间适用的增值税政策也不相同。

营改增之后的个人住房转让的政策，按照地区分为两种：北上广深地区，其他地区。

北京市、上海市、广州市和深圳市个人卖房，由于需要区分普通住宅和非普通住宅，可分为以下 3 种情况。

- 购买不足 2 年的住房，再次对外销售的，按照 5% 的征收率全额缴纳增值税。
- 购买 2 年以上（含 2 年）的非普通住房，以销售收入减去购买住房价款后的差额按照 5% 的征收率缴纳增值税。
- 购买 2 年以上（含 2 年）的普通住房，免征增值税。

其他地区（除北京市、上海市、广州市和深圳市之外的地区）个人卖房的，只区分购买时间是否满 2 年，而不区分普通住房与非普通住房，因此只分为以下两种情况。

- 购买不足2年的住房，再次对外销售的，按照5%的征收率全额缴纳增值税。
- 购买2年以上（含2年）的住房，再次对外销售的，免征增值税。

此外，全国范围，不分区域均适用以下优惠政策：个人销售自建自用住房免征增值税；涉及家庭财产分割的个人无偿转让不动产免征增值税（包括下列情形：离婚财产分割；无偿赠与配偶、父母、子女、祖父母、外祖父母、孙子女、外孙子女、兄弟姐妹；无偿赠与对其承担直接抚养或者赡养义务的抚养人或者赡养人；房屋产权所有人死亡，法定继承人、遗嘱继承人或者受遗赠人依法取得房屋产权）。

根据《纳税人转让不动产增值税征收管理暂行办法》（公告2016年第14号），个人转让住房的，需要向不动产所在地主管地税机关申报纳税。

【扩展阅读】个人转让住房还需要缴纳什么税

除了缴纳增值税之外，个人转让住房的卖房方还需缴纳个人所得税，买房方需缴纳契税，土地增值税暂免征收（继承、赠予直系亲属或赡养义务人或者公益福利事业的不征收）、印花税（销售、购买暂免征收）。

1. 个人所得税

个人转让二手房取得的所得应按照“财产转让所得”项目征收个人所得税。对转让二手房收入计算个人所得税应纳税所得额时，纳税人可凭原购房合同、发票等有效凭证，经税务机关审核后，允许从其转让收入中减除房屋原值、转让住房过程中缴纳的税金及有关合理费用。

以下情形不征、免征收个人所得税。

- 房屋产权所有人将房屋产权无偿赠与配偶、父母、子女、祖父母、外祖父母、孙子女、外孙子女、兄弟姐妹。
- 房屋产权所有人将房屋产权无偿赠与对其承担直接抚养或者赡养义务的抚养人或者赡养人。
- 房屋产权所有人死亡，依法取得房屋产权的法定继承人、遗嘱继承人或者受遗赠人。
- 通过离婚析产的方式分割房屋产权是夫妻双方对共同共有财产的处置，个人因离婚办理房屋产权过户手续的，不征收个人所得税。

- 个人转让自用达 5 年以上、并且是唯一的家庭生活用房取得的所得，暂免征收个人所得税。

2. 契税

依据财政部、国家税务总局、住房城乡建设部三部门联合发布的《关于调整房地产交易环节契税、营业税优惠政策的通知》的规定，自 2016 年 2 月 22 日起：对个人购买家庭唯一住房（家庭成员范围包括购房人、配偶以及未成年子女，下同），面积为 90 平方米及以下的，减按 1% 的税率征收契税；面积为 90 平方米以上的，减按 1.5% 的税率征收契税。

对个人购买家庭第二套改善性住房，面积为 90 平方米及以下的，减按 1% 的税率征收契税；面积为 90 平方米以上的，减按 2% 的税率征收契税。

注：由于个人住房转让的税收政策依据调控而变化较快，请在实务操作时查询最新适用政策。

案例 8-6：甲某将一处位于南京的 A 住房转让给乙某，成交价格为 105 万元（含税），本次评估价格为 102 万元（不含税）。A 房产购买时间为 1 年，购买时取得的发票金额为 80 万元（含税）。

案例解析：甲某的 A 住房位于南京，不属于北、上、广、深四城市，购买时间不足 2 年，应按照 5% 的征收率全额缴纳增值税。

成交价格为含税 105 万元，不含税价格 = 105÷（1+5%）= 100 万元，低于评估价格 102 万（不含税），应选用较高的评估价格纳税。

甲某的 A 住房应缴纳增值税 = 102×5% = 5.1 万元。

甲某应缴纳个人所得税（102-80- 合理费用）×20%，其中合理费用不包括增值税。

案例 8-7：甲某将一处位于南京的住房 B 转让给丙某，成交价格为 105 万（含税），本次评估价格为 102 万元（不含税）。B 房产购买时间为 3 年，购买时取得的发票金额为 80 万元（含税）。

案例解析：B 住房购买时间已满 2 年，适用增值税免税政策。

案例 8-8：甲某将一处位于广州的 C 住房转让给丁某，成交价格为 105 万元（含税），本次评估价格为 102 万元（不含税）。C 住房购买时间为 1 年，购买时取得的发票金额为 80 万元（含税）。

案例解析：C 住房位于广州，由于购买时间不满 2 年，不区分普通住房与非普通住房，均应按照 5% 的征收率全额缴纳增值税。成交价格换算为不含税价格后，低于评估价格 102 万元（不含税），应选用较高的评估价格纳税。

甲某的 A 住房应缴纳增值税 = 102 × 5% = 5.1 万元。

案例 8-9：甲某将一处位于广州的 D 住房转让给戊某，成交价格为 105 万元（含税），本次评估价格为 102 万元（不含税）。D 住房面积为 150 平方米，已购买 2 年，购买时取得的发票金额为 80 万元（含税）。

案例解析：D 住房位于广州，购买时间已满 2 年，面积（150 平方米）已超过普通住房标准，应以销售收入减去购买住房价款后的差额按照 5% 的征收率缴纳增值税。由于不含税成交价格低于评估价格 102 万，应选用较高的评估价格纳税。

甲某的 D 住房应缴纳增值税 = ［102-80 ÷（1+5%）］× 5% = 1.29 万元。

案例 8-10：戊某将一处位于广州的 E 住房转让给庚某，成交价格为 105 万（含税），本次评估价格为 102 万元（不含税）。E 住房面积为 80 平方米，属于家庭唯一住房，已购买 2 年，购买时取得的发票金额为 80 万元（含税）。

案例解析：E 住房位于广州，购买时间已满 2 年，面积为 80 平方米，属于普通住房，适用增值税免税政策。

此外，以上各例中，卖房方需要根据所在地当地的具体政策缴纳或者免税，包括城建税、教育费附加、地方教育附加、土地增值税、印花税；买房方需要根据所在地当地的具体政策缴纳或者免税，包括契税、印花税。

第 5 篇

案例实操

第 9 章

营改增纳税筹划实战

本章尽量避免使用复杂的概念和纳税筹划公式，而是通过具体的案例来介绍纳税筹划的思路。对于业务能力较强的企业，建议通过试算“平衡点”的测算方式，来寻找不同情况下最佳的筹划方法。本书将介绍纳税筹划的最基本的思路：对比两项税务操作所负担的税款，从而选择最佳的方式。

特别说明：案例仅供理解纳税筹划思路与方法，实务工作需考虑现实因素。本书中的案例结论仅针对案例中的模拟数值，相关数值的变化会最终影响测算的结果，因此案例中的结论不能作为通用结论来直接使用。

9.1 纳税筹划与税收违法

纳税筹划在我国目前还处于萌芽状态，国内无论是理论界还是官方文件，均没有对“纳税筹划”进行完整界定。但是，这并不影响纳税筹划在实务工作中的应用。实务工作中公认的纳税筹划，是指通过对涉税业务进行策划，制作一整套完整的纳税操作方案，从而达到节税的目的行为。

正确的纳税筹划也顺应了国家的立法意图，即引导企业的经营行为。随着税收制度进一步完善和税收法制进程的加快，纳税筹划将会成为企业理财和经营活动中不可或缺的一部分。通过纳税筹划可以帮助企业提高资金的使用效益，实现最大的经济效益。笔者认为，企业在实务工作中，需要注意以下问题，在享受纳税筹划带来效益的同时，更要规避涉税风险。

9.1.1 合法性前提

纳税筹划只能是在法律允许范围内，运用国家的税收政策和有关法律规定，对企业的经济活动进行安排。而这种合法性，指的不仅仅是在形式上合法，在内容上也必须要合法，具备合理的商业目的和经济实质。合法性是纳税筹划的前提条件，但是在税务筹划实践中，有的纳税人往往因为筹划不当、筹划失误而形成偷税，不仅没有达到节税目的，反而受到行政处罚甚至被刑事制裁。

偷税属于违反《刑法》的行为。《刑法》第二百零一条规定："纳税人采取伪造、变造、隐匿、擅自销毁账簿、记账凭证，在账簿上多列支出或者不列、少列收入，经税务机关通知申报而拒不申报或者进行虚假的纳税申报的手段，不缴或者少缴应纳税款，偷税数额占应纳税额的百分之十以上不满百分之三十并且偷税数额在一万元以上不满十万元的，或者因偷税被税务机关给予二次行政处罚又偷税的，处三年以下有期徒刑或者拘役，并处偷税数额一倍以上五倍以下罚金；偷税数额占应纳税额的百分之三十以上并且偷税数额在十万元以上的，处三年以上七年以下有期徒刑，并处偷税数额一倍以上五倍以下罚金。"

偷税、避税、纳税筹划是经常听到的涉税词汇，具体有以下区别。

偷税是一种公然违法行为且具有事后性，属于法律严厉打击的对象。

避税是指企业为获取税收利益而实施的不具有合理商业目的的安排。具有以下 2 个特征：以获取税收利益为唯一目的或者主要目的；形式符合税法规定、但经济实质不符。对于企业的避税行为，税务机关会启动"一般反避税调查"，要求企业进行纳税调整。

纳税筹划是利用税法的政策导向性，对国家制定的税法比较分析后，选择对自身有利的政策来安排企业的经济行为。纳税筹划符合立法的目的，例如国家对一些鼓励的产业、经营方式采取给予税收优惠政策的方式来进行引导，在企业选择了相应的产业、经营模式获得税收优惠的同时实现了立法目的，实现了双赢。

9.1.2 纳税筹划必须先于经营活动

在实务工作中，企业的纳税义务通常滞后于生产经营活动。纳税筹划只能是在企业的纳税义务尚未发生之前，对将可能面临的税收待遇所做的一种策划与安排。如果是在纳税义务已经发生且应纳税额已确定之后，再做所谓的筹划，那就不是税务筹划，而是偷税了。

税务筹划实质上是一种较高层次的财务管理活动，是事先的规划和安排，经济活动一旦发生后，就无法进行事后补救了。笔者在实务工作中，也遇到过纳税筹划水平较高的企业，企业的制度要求财务人员实行“跟单制”：一项业务在有意向的时候，财务人员就开始介入，与业务人员一起对合同签订条款、发票开具事项、货款回收时间方式等全程进行纳税筹划与监督。

因此，税务筹划人员不仅要精通税法，随时掌握税收政策的变化情况，而且要非常熟悉企业业务情况及其流程，从而预测出不同的纳税方案，进行比较、优化选择，进而做出最有利的决策。

9.1.3 筹划过程要综合考虑上、下游企业的利益

由于增值税抵扣链条的存在，对于大多数企业来说，上游企业的销项税额就是下游企业的进项税额，一个企业要想少缴税，另外一个企业就必然要多缴税。因而，有的企业在进行纳税筹划之后，尽管测算结果是自身税负降低了，但是由于对方企业无法进行抵扣等原因，会调整相关报价，以致企业最终无法实现通过纳税筹划来节税的目标。

9.1.4 纳税筹划的范围要绕开“模糊地带”

纳税筹划必须要依据目前明确的相关政策规定，要避免对“模糊地带”的筹划。如果在实务工作中，遇到税法尚未明确的内容，需要主动咨询主管税务机关，主管税务机关无法判断的，会通过向财政部或国家税务总局发函的方式，要求对相关政策进行明确。企业自行筹划时，切不可对相关规定进行“自行解释”，“认为”自己应该适用何种政策。

例如，营改增之后一些餐饮住宿企业存在会员储值卡业务，相关的发票如何开具、何时确认收入、何时申报缴税等在开始时并未明确。正确的做法是，咨询主管税务机关。国家税务总局在收到基层税务机关的反馈之后，发布了《关

于营改增试点若干征管问题的公告》（国家税务总局公告 2016 年第 53 号），对相关问题进行了明确。

9.1.5 规避涉税风险

我国的增值税政策内容非常详细，且相关税收政策变化很快，企业财务人员必须要熟练掌握相关规定，随时掌握会计、税务等相关政策法规的变化，否则纳税筹划就变成了偷税，会给企业带来涉税风险。

例如，有的企业存在销售货物之后附带运输送货的“混合销售行为”，应当适用 17% 的增值税税率。营改增之后，“自作聪明”地进行纳税筹划，将两项业务分开核算，销售适用 17% 的增值税税率，送货适用交通运输的 11% 税率，以达到节税的目的。

殊不知，混合销售行为是在财税（2016）36 号文件中有明确规定的行为，应当按照如下规定处理：从事货物的生产、批发或者零售的单位和个体工商户的混合销售行为，按照销售货物缴纳增值税；其他单位和个体工商户的混合销售行为，按照销售服务缴纳增值税。上述企业的“筹划”行为已经违法。

9.2 小规模纳税人与一般纳税人身份选择的筹划

对于增值税纳税人身份的筹划尽管已经是老生常谈了，但是对于营改增纳税人来说还比较陌生。理论上，“无差别平衡点增值率”是判断选择一般纳税人身份还是小规模纳税人身份的关键指标。当测算的增值率低于这个点时，增值税一般纳税人的税负低于小规模纳税人，企业应选择登记为一般纳税人；当增值率高于这个点时，增值税一般纳税人的税负高于小规模纳税人，企业应选择登记为小规模纳税人。

在实务工作中，纳税人身份的筹划必须注意以下问题。

1. 客户对增值税专用发票的需求

由于营改增之后客户对增值税专用发票的强烈需求，增值税一般纳税人具有直接开具增值税专用发票的便利，一些小规模纳税人为了提高竞争力，哪怕承担较高税负，也会登记为一般纳税人。

2. 小规模纳税人的免税政策

由于小微企业月销售额不足 3 万元（按季为 9 万元）可享受增值税免税政策，因此，纳税人身份筹划一般应当超过小微企业免税标准才有意义。

3. 年销售额超过 500 万元需登记为一般纳税人

由于营改增一般纳税人的销售额标准是，年应税销售额 500 万元，因此营改增纳税人身份的筹划，必须要满足年销售额低于 500 万元的情况。超过这个销售额，一般情况下必须要登记为一般纳税人。

4. 小规模纳税人和一般纳税人的身份不可随意转换

即小规模纳税人可以选择登记为一般纳税人，但是一般纳税人不得转为小规模纳税人。因此，纳税人身份筹划具有一次性的因素，企业需综合考虑长期因素。

案例 9-1：广告公司纳税人身份筹划

某广告公司 A，预计全年发生广告业务销售额 100 万元（含税价），客户不要求开具增值税专用发票。支付给广告发布方的广告发布费 42.4 万元，都能取得增值税专用发票，其中价款 40 万元，增值税 2.4 万元。A 公司选择哪种身份对自身更加有利？

筹划解析：广告业适用 6% 的增值税税率，可以凭增值税专用发票抵扣进项税；小规模纳税人适用 3% 的征收率。通过对比两种身份下应缴纳的增值税税额，来选择合适的增值税纳税人身份。

方案一：A 公司为小规模纳税人的税负分析

A 广告公司是小规模纳税人，适用增值税 3% 的征收率，不得抵扣进项税，增值税应纳税额为：

$100 \div (1+3\%) \times 3\% = 2.91$（万元）

方案二：A 公司登记为一般纳税人的税负分析

A 广告公司是一般纳税人，适用增值税 6% 的税率，销售额 100 万元的增值税销项税额为：

$100 \div (1+6\%) \times 6\% = 5.66$（万元）

认证乙公司开具的增值税专用发票进项税额为 2.4 万元，A 公司应纳税增值税为：

$5.66 - 2.4 = 3.26$（万元）

对比两个方案，显而易见应选择方案一。

此外，对于广告业来说，需要按照规定缴纳文化事业建设费。

9.3 供应商选择的纳税筹划

对于一般纳税人企业来说，在增值税抵扣制度下，供应商的纳税人身份会直接影响购货方的增值税税负。选择一般纳税人作为供应商，可以取得增值税专用发票，以抵扣进项税。如果选择小规模纳税人为供应商，取得的是小规模纳税人出具的增值税普通发票，则不能进项抵扣；如果小规模纳税人到税务机关代开增值税专用发票，则可以抵扣 3% 的进项税。因此，营改增后，一般纳税人企业在选择供应商的时候，必须综合考虑供应商的报价和抵扣税款的额度，以实现税负的降低。

案例 9-2：一般纳税人供应商选择的纳税筹划

A 公司的货物运输由两家企业负责，分别为一般纳税人甲公司和可以代开增值税专用发票的小规模纳税人乙公司。两家公司报价不同，甲、乙公司的含税报价分别为 10 万元和 9.5 万元。业务员认为应该选择报价较低的乙公司负责运输，财务人员认为应该选择能提供增值税专用发票的甲公司负责运输。A 公司选择哪家公司负责运输更加有利？

筹划解析：对于一般纳税人企业来说，能否取得增值税专用发票，以及抵扣增值税专用发票的金额的多少对自身税负有着至关重要的影响。遇到供应商报价的时候，不能只看报价的高低，应当比较扣除的可以抵扣的增值税后的“净报价”来决定是否是真正的低价。

方案一：甲公司

甲公司是增值税一般纳税人，可以开具 11% 的增值税专用发票，含税 10 万元运输费可以抵扣税款：

10÷（1+11%）×11%=0.99（万元）

采用甲公司的情况下，A 公司实际负担运费 =10 － 0.99=9.01（万元）

方案二：乙公司

乙公司是增值税小规模纳税人，可以到税务机关开具 3% 的增值税专用发票，含税 9 万元运输费可以抵扣税款：

9.5÷（1+3%）×3%=0.28（万元）

采用乙公司的情况下，A公司实际负担运费=9.5 − 0.28=9.22（万元）

对比两个方案后，可见应采纳财务人员的意见选择方案一。

9.4 兼有不同税率经营的纳税筹划

营改增以来，增值税税率有6%、11%、13%和17%4个税率，以及3%、4%、6%的征收率。企业有不同税率项目需要分开核算，否则会统一适用高税率。因此，企业在营改增后，应对涉及的混业经营项目分开核算，以适用较低税率，降低税负成本。

【扩展阅读】“兼营”行为与“混合销售”行为

兼营行为：纳税人兼营销售货物、劳务、服务、无形资产或者不动产，适用不同税率或者征收率的，应当分别核算适用不同税率或者征收率的销售额；未分别核算的，从高适用税率。

混合销售：一项销售行为如果既涉及服务又涉及货物，则为混合销售。从事货物的生产、批发或者零售的单位和个体工商户的混合销售行为，按照销售货物缴纳增值税；其他单位和个体工商户的混合销售行为，按照销售服务缴纳增值税。

“兼营”与“混合销售”的区别要点在于，是一项销售行为的附属行为，还是独立的两项销售行为。例如，A公司销售产品，并负责运输，就属于“混合销售”行为；A公司把产品销售给B公司，A公司为C公司提供运输服务，那么A公司就属于“兼营”行为。

案例9-3：兼有不同税率企业的纳税筹划

A公司是一般纳税人生产企业，拥有独立的运输车队。A公司不含税销售收入为200万元，适用17%的税率，运输车队取得的不含税销售额为10万元，部分为销售时负责运输产生，无法准确核算哪些是独立运输收入，哪些是销售产品负责运输而产生的销售收入。A 公司可以抵扣进项税 20.5 万元，其中，生产产品可抵扣的进项税为 20 万元，运输车队取得的油料消耗等可抵扣的进项税为 0.5 万元。营改增后，A 公司拟将独立车队单独成立运输公司，这样能否达到节税目的？

筹划分析：A 公司独立车队的销售状况属于无法区分“兼营”部分与“混合销售”部分，需要统一按照 17% 的税率征收增值税，而不能私自拆分业务，来人为操作使销售产品适用 17% 的税率，运输适用 11% 的税率。为进行合法的纳税筹划，应当对企业进行拆分，将拥有的运输车队变为独立的运输公司，运输公司才能适用 11% 的低税率。

方案一：A 公司原总体税负

A 公司应缴纳的增值税额 = 210 × 17% − 20.5 = 15.2（万元）

方案二：成立独立运输公司，运输公司为小规模纳税人，到主管税务机关代开增值税专用发票

运输公司应缴纳的增值税额 = 10 × 3% = 0.3（万元）

A 公司应缴纳的增值税额 = 200 × 17% − 20 = 14（万元）

应缴纳的增值税总额 = 0.3+14 = 14.3（万元）

方案三：成立独立运输公司，运输公司为一般纳税人

运输公司应缴纳的增值税额 = 10 × 11% − 0.5 = 0.6（万元）

A 公司应缴纳的增值税额 = 200 × 17% − 20 = 14（万元）

应缴纳的增值税额 = 14+0.6 = 14.6（万元）

本例仅在理论情况下讨论相关最佳方案，但在实际操作过程当中，还应综合考虑新成立企业的议价能力、企业的拆分费用，以及新成立企业增加的经营成本等因素。

9.5 差额征税的纳税筹划

差额征税是营改增的特色，保留了特殊行业的需求。按照差额征税的适用范围和计算方法，可以大致分为 4 种类型。

1. 只能按照差额征税

有一些项目无论采用哪种计税方法，都是规定按照差额计税，不存在选择的

余地。例如，金融商品转让，按照卖出价扣除买入价的余额为销售额；纳税人提供人力资源外包服务，按照经纪代理服务缴纳增值税，其销售额不包括受客户单位委托代为向客户单位员工发放的工资和代理缴纳的社会保险、住房公积金。

2. 无论一般计税方法还是简易计税方法，都可以按差额计税

一些项目无论采用哪种计税方法，都可以选择差额计税。例如，旅游服务行业，可以选择以取得的全部价款和价外费用，扣除向旅游服务购买方收取并支付给其他单位或者个人的住宿费、餐饮费、交通费、签证费、门票费和支付给其他接团旅游企业的旅游费用后的余额为销售额。因此，无论企业是增值税一般纳税人，还是小规模纳税人提供旅游服务都可以选择差额计税。

3. 只有选择简易计税方法，才能差额计税

一些项目可以选择一般计税方法，也可以选择简易计税方法，但是只有选择简易计税方法才可以差额计税，选择一般计税方法不可以差额计税。例如，一般纳税人提供劳务派遣服务，可以以取得的全部价款和价外费用为销售额，按照一般计税方法计算缴纳增值税；也可以选择差额纳税，以取得的全部价款和价外费用，扣除代用工单位支付给劳务派遣员工的工资、福利和为其办理社会保险及住房公积金后的余额为销售额，按照简易计税方法依 5% 的征收率计算缴纳增值税。因此，提供劳务派遣服务的在适用一般计税方法下不可以差额计税。再如，纳税人提供建筑服务适用简易计税方法的，以取得的全部价款和价外费用扣除支付的分包款后的余额为销售额。

4. 只有一般计税方法，才能差额计税

一些项目可以选择一般计税方法，也可以选择简易计税方法，但是只有选择一般计税方法才可以差额计税，简易计税方法下不可以差额计税。例如，房地产开发企业中的一般纳税人销售自行开发的房地产项目，适用一般计税方法，按照取得的全部价款和价外费用，扣除当期销售房地产项目对应的土地价款后的余额为销售额。而一般纳税人销售自行开发的房地产老项目选择简易计税方法的，不得扣除对应的土地价款。

9.5.1 案例：旅游企业差额征税纳税筹划

案例 9-4：A 旅游公司经营旅游业务，取得旅游收入 10 万元（为简化测算，此收入为价税合计），支付住宿费 1.06 万元（取得增值税专用发票，进项税额为 0.06

万元），支付交通费 1.11 万元（取得增值税专用发票，进项税额为 0.11 万元），支付给当地接团旅游公司旅游费 6.36 万元(取得增值税专用发票,进项税额为 0.36 万元）。A 公司选择何种计税方法最为有利？

筹划解析：旅游行业企业如果是一般纳税人身份，适用 6% 的增值税税率，可以抵扣进项税；如果是一般纳税人，选择差额计税，适用 6% 的增值税税率，允许扣除支付给其他单位或者个人的住宿费、餐饮费、交通费、签证费、门票费和支付给其他接团旅游企业的旅游费用，但是不能抵扣进项税；如果是小规模纳税人身份，适用 3% 的征收率，由于小规模纳税人不能抵扣进项税，应当直接选择差额计税。因此，旅游企业筹划需对 3 种方案进行比较。

方案一：A 旅游公司为一般纳税人身份的情况下，采用抵扣进项税，而不采用差额计税

取得可以抵扣的增值税进项税额 =0.06 ＋ 0.11 ＋ 0.36=0.53（万元）

增值税销项税额 =10÷（1 ＋ 6%）×6%=0.57（万元）

A 公司应缴纳增值税 =0.57-0.53=0.04（万元）

方案二：A 旅游公司为一般纳税人身份的情况下，采用差额计税

A 公司扣除允许扣减项目后的销售额 =10 － 1.06 － 1.11 － 6.36=1.47（万元）

A 公司应缴纳增值税 =1.47÷（1 ＋ 6%）×6%=0.08（万元）

方案三：A 旅游公司为小规模纳税人身份的情况下，采用差额计税

A 公司扣除允许扣减项目后的销售额 =10 － 1.06 － 1.11 － 6.36=1.47（万元）

A 公司应缴纳增值税 =1.47÷（1 ＋ 3%）×3%=0.043（万元）

对比 3 个方案可以看出，本例中选择方案一更为有利。但在实务工作中，在 A 旅游公司需要增值税专用发票的情况下，当地接团旅游公司，有可能会提高报价，从而直接影响筹划结果。

此外，需要注意的是，不同方案下发票开具也有所不同，选择差额纳税的，向旅游服务购买方收取并支付给其他单位或者个人的住宿费、餐饮费、交通费、签证费、门票费和支付给其他接团旅游企业的旅游费用，不得开具增值税专用发票，可以开具增值税普通发票。

9.5.2 案例：劳务派遣企业差额征税纳税筹划

案例 9-5：A 人才公司（劳务派遣公司）与甲公司（用工单位）签订劳务派

遣合同，取得劳务派遣收入 100 万元（含税），其中，支付被派遣劳动者工资 80 万元，社保费用 10 万元，福利费用 2 万元，管理费用 8 万元，取得增值税进项税额为 1 万元。A 人才公司应当如何筹划最为有利？

劳务派遣政策解析：

如果是一般纳税人提供劳务派遣服务，可以以取得的全部价款和价外费用为销售额，按照一般计税方法计算缴纳增值税，适用 6% 的增值税税率；也可以选择差额纳税，以取得的全部价款和价外费用，扣除代用工单位支付给劳务派遣员工的工资、福利和为其办理社会保险及住房公积金后的余额为销售额，按照简易计税方法依 5% 的征收率计算缴纳增值税。如果是小规模纳税人提供劳务派遣服务，可以以取得的全部价款和价外费用为销售额，按照简易计税方法依 3% 的征收率计算缴纳增值税；也可以选择差额纳税，以取得的全部价款和价外费用，扣除代用工单位支付给劳务派遣员工的工资、福利和为其办理社会保险及住房公积金后的余额为销售额，按照简易计税方法依 5% 的征收率计算缴纳增值税。综上，可以看出劳务派遣企业在选择差额计税的情况下,无论是一般纳税人身份还是小规模纳税人身份,最终的结果是一致的因此，劳务派遣企业可以有 3 种计税方法进行筹划。

方案一：A 人才公司为一般纳税人身份，选择一般计税方法

增值税销项税额 = 100÷（1 + 6%）×6%=5.66（万元）

取得增值税进项税额 1 万元

A 公司应缴纳增值税 =5.66 － 1=4.66（万元）

方案二：A 人才公司为小规模纳税人身份，选择简易计税方法

A 公司应缴纳增值税 =100÷（1 + 3%）×3%=2.91（万元）

方案三：A 人才公司选择差额计税方法

A 公司扣除允许扣减项目后的销售额 =100 － 80 － 10 － 2=8（万元）

A 公司应缴纳增值税 =8÷（1 + 5%）×5%=0.38（万元）

对比 3 种方案，应选择方案三最为有利。

此外，选择差额计税的劳务派遣企业，向用工单位收取用于支付给劳务派遣员工工资、福利和为其办理社会保险及住房公积金的费用，不得开具增值税专用发票，可以开具增值税普通发票。

9.6 建筑企业“甲供材”纳税筹划

“甲供材”是指全部或部分设备、材料、动力由工程发包方（甲方）自行采购的一种建筑工程，也叫甲供工程。建筑企业针对“甲供材”，可以选择增值税一般计税方法，也可以选择简易计税方法。

案例 9-6：建筑企业“甲供材”纳税筹划

甲企业（甲方）委托 A 建筑公司承建某项目，A 公司具备增值税一般纳税人资格，工程总承包合同造价为 1 000 万元，材料部份价款为 600 万元（假设购买材料均取得 17% 的增值税专用发票），其中“甲供材”为 200 万元；建筑安装部分为 400 万元。A 建筑公司将其中 100 万元的机电安装工作分包给 B 安装公司，B 公司开具增值税专用发票。A 建筑公司采取何种计税方法更为有利？

筹划解析：

方案一：A 建筑公司采用一般计税方式

A 建筑公司适用 11% 的增值税税率，按时将增值税专用发票进行抵扣认证。

A 公司增值税销项税额 =（1000 － 200）÷（1 ＋ 11%）×11%=79.28（万元）

A 公司可抵扣增值税进项税额 =（600 － 200）÷（1 ＋ 17%）×17%+100÷（1 ＋ 11%）×11% ＝ 58.12+9.91）=68.03（万元）

A 公司应缴纳增值税 =79.28 － 68.03=11.25（万元）

方案二：A 建筑公司采用简易计税办法

A 建筑公司提供建筑服务适用简易计税方法的，以取得的全部价款和价外费用（1000 － 200 万元），扣除支付的分包款（100 万元）后的余额为销售额。

A 公司应缴增值税 =（1000 － 200 － 100）÷（1 ＋ 3%）×3% ＝ 20.38（万元）

对比两个方案，A 建筑公司该项“甲供材”合同方案一需缴纳增值税 11.25 万元，方案二需缴纳增值税 20.38 万元，因此，选择一般计税方法计算增值税，比选择简易计税方法更加有利。

需要注意的是，“甲供材”对合同签订的要求较高，合同中的各项报价对最终测算结果影响最为直接，建议建筑企业关注合同签订事项。

9.7 放弃免税权的纳税筹划

在实务工作中，企业老板总是希望用尽所有可以使用的税收优惠政策。但是，纳税筹划需要具体问题具体分析，有时主动放弃免税权，同样也能带来收益，究竟是选择免税，还是放弃免税权，需要测算哪种方式能够使企业的利益最大化。

如果选择免税，销售免税货物就不能开具增值税专用发票，营改增之后对增值税专用发票的需求将会影响企业的生产经营。需要注意的是，如果选择放弃免税权，36 个月内不得再次申请免税。因此，这是企业高管及会计人员面临的一个问题。下面用几个案例说明如何选择免税或放弃免税，使企业的利益最大化。

案例 9-7：科技公司放弃免税权的纳税筹划

A 公司为移动互联网公司，为增值税一般纳税人。采购一批计算机设备花费 23.4 万元（取得增值税专用发票，可抵扣进项税额 3.4 万元），租用写字楼支付年租金 55.5 万元（取得增值税专用发票，可抵扣进项税额 5.5 万元），日常发生差旅住宿、支付水电费等取得增值税专用发票可抵扣 1 万元。由于公司刚刚创立，预计未来 3 年，年销售收入为 100 万元。

筹划解析：A 科技公司放弃免税权

A 公司取得可以抵扣的增值税进项税额 =3.4 + 5.5 + 1=9.9（万元）

增值税销项税额 =100÷（1 + 6%）×6%=5.7（万元）

A 公司应缴纳增值税 =5.7 − 9.9=−4.2（万元）

可以看出，由于 A 公司刚刚创立，进项税抵扣较多，即使在放弃免税权的情况下，也会产生留抵增值税 4.2 万元，而不必缴纳增值税。由于放弃免税权，A 公司可以开具 6% 的增值税专用发票，供客户抵扣税款，无形中增加了企业的竞争力。由于放弃免税权之后 36 个月内不能再次申请免税，A 公司可以待 3 年之后，公司销售额上升时，测算相关数据之后，再办理免税申请。

需要注意的是，由于增值税一般纳税人按月申报，增值税的抵扣时间必须牢牢把握。企业若想形成留抵，必须在税法规定的确认销售收入的时间之前，及时取得增值税专用发票，并办理完抵扣手续。

第10章

营改增“避坑”指南

2016年全面推开营改增以来，相关政策密集出台，对于专业人士来说，接受、消化起来尚有一定难度，对于创业企业、小微企业来说很可能忽视了相关规定，无意之中落入“坑”中。笔者结合实务工作中咨询较多的业务问题，整理出来“避坑”指南以供参考。

10.1 容易用错“税目”和“税率”

企业发生的经济业务，究竟属于哪条税目，这有可能会直接影响到适用税率的不同。用错税目、税率将会带来涉税风险，可能会受到税务机关的处罚。笔者结合实务工作，整理了以下容易混淆、用错的税目、税率。

10.1.1 无运输工具承运业务与货物运输代理

无运输工具承运业务属于“交通运输业”，适用11%的增值税税率，货物运输代理属于“代理业”，适用6%的增值税税率，两者的区别关键在于法律关系、开票方式的不同。例如，甲公司为运输方，与乙签订运输合同，然后再委托实际运输人A公司负责运输。

此时甲公司按照“交通运输服务——无运输工具承运业务”缴纳增值税，甲给乙开具运输发票，A给甲开具运费发票。如果甲公司只是负责给代理乙公司和A公司，由乙公司与A公司直接签订运输合同，乙公司直接向A公司支付运费，则甲公司与A公司签订的是货物运输代理合同，只收取手续费，甲公司应按照“商务辅助服务——经纪代理（货物运输代理）”缴纳增值税。

10.1.2 广告代理业

广告代理行业属于试点实施营改增较早的行业，因其经营内容复杂，不同业务适用税率差异较大，容易发生混淆。例如，广告代理行业户外实体广告牌制作业务应按17%的税率征收增值税，广告发布业务应按照6%的税率征收增值税。

同时，开展广告服务的企业需要缴纳文化事业建设费。一些企业对微信、微博发布广告时，错用“信息服务”税目，对广告位出租时，错用“广告业”税目税率，无意中就造成了“偷税”。

广告代理行业的特殊性带来的涉税风险，已经引起相关部门的重视，相关管理措施陆续出台，甚至已经有企业接到税务局的“罚单”，因此，广告代理企业，尤其是小微企业，需要规范内部核算管理，主动规避涉税风险。

10.1.3 与租赁业务易混淆的应税行为

租赁业务相对较为复杂，不动产租赁适用11%的增值税税率，动产经营租赁服务适用11%的增值税税率，而只是提供相关的服务则适用6%的增值税税率。

1. 仓储与仓库租赁

仓储服务，是指利用仓库、货场或者其他场所代客贮放、保管货物的业务活动。按物流辅助服务6%的税率缴纳增值税，而不是按不动产租赁11%缴纳增值税。

仓库租赁属于不动产租赁，是指出租人将不动产出租给承租人使用，由承租人向出租人支付租金的行为。按照不动产租赁11%的税率缴纳增值税，而不是按物流辅助服务6%的税率缴纳增值税。

两者的区分主要看合同是如何签订的，是只租用场地，还是提供相关服务。假设A公司有空闲仓库，B公司需要租赁存放货物。如果B公司仅仅是租赁仓库，那么在租赁期间，货物的保管、安全、经营都由 B 公司自己来承担，A 公司就只是出租这间仓库的使用权，适用"不动产租赁"按照 11% 的税率缴纳增值税。如果是 B 公司把货物交给了 A 公司进行存储、保管、管理，A 公司负责货物的安全，确保不会发生霉烂变质、被盗等毁损，简单来说 B 公司把货物交给了 A 公司进行保管，那么 A 公司就是提供了"仓储服务"，按照 6% 的税率缴纳增值税。

2. 广告位出租

广告位的出租适用租赁业，而不是适用广告业 6% 的税率缴纳增值税。且具体应根据广告位的性质不同，适用不同的税率。

对于建筑物、构筑物的广告位出租，属于不动产经营租赁，按照 11% 的税率缴纳增值税；对于飞机、汽车等广告位出租，属于动产经营租赁，按照 17% 的税率缴纳增值税。

3. 车辆停放服务

对于车辆停放服务，税法明确应属于不动产经营租赁，按照 11% 的税率缴纳增值税。而不能适用港口码头服务按照 6% 的税率缴纳增值税。

对于物业公司来说，收取的停车费以及小区、电梯里的广告位租金收入适用不同"税目"，其中，停车费应按照车辆停放服务来缴纳增值税，广告收入则按照经营租赁服务来缴纳增值税。（参考税总纳便函〔2016〕71 号）

10.2 免费，未必"免税"

对原增值税纳税人来说，视同销售的税务处理是一种很常见的业务，但是对于营改增企业来说，新的营改增政策，并没有延续"营业税"中对视同销售的规定，而是进行了全新的定义，将"无偿提供服务"纳入视同销售的范围。

营改增对无偿提供服务、无偿转让无形资产或者不动产等"免费"行为，规定属于"视同销售"行为。财税〔2016〕36 号第十四条规定："下列情形视同销售服务、无形资产或者不动产：（一）单位或者个体工商户向其他单位或者个人无偿提供服务，但用于公益事业或者以社会公众为对象的除外。（二）单位或者个人向其他单位或者个人无偿转让无形资产或者不动产，但用于公益事业或者以社会公众为对象的除外。（三）财政部和国家税务总局规定的其他情形。”

但也并非是任何“无偿”提供的都属于视同销售。财税〔2016〕36号第四十三条规定：“纳税人发生应税行为，将价款和折扣额在同一张发票上分别注明的，以折扣后的价款为销售额；未在同一张发票上分别注明的，以价款为销售额，不得扣减折扣额。”

因此，企业需要明确“免费”的内容和形式，如果是属于“直接赠送”形式的免费，例如，赠送样品、小样、礼品等，应视同销售；如果是消费时附带的赠送，例如，酒店住宿5天可免1天房费，就不属于视同销售，而是属于折扣行为。需要注意的是，企业的折扣行为需要按照规定，在开具的同一张发票上注明折扣。

10.3 挂靠，营改增倒逼提升管理

在营业税时代，挂靠经营属于一种较为常见的经营模式。营改增的到来，无论是对挂靠方还是被挂靠企业的经营管理，都提出了相当高的要求。

财税〔2016〕36号第二条规定：“单位以承包、承租、挂靠方式经营的，承包人、承租人、挂靠人（以下统称承包人）以发包人、出租人、被挂靠人（以下统称发包人）名义对外经营并由发包人承担相关法律责任的，以该发包人为纳税人。否则，以承包人为纳税人。”

可见，挂靠人必须要满足“以被挂靠人名义对外经营”的条件才能称之为挂靠经营。在挂靠经营模式下，挂靠人以被挂靠企业的名义对外经营且由被挂靠企业承担法律责任。被挂靠企业为纳税人，发生交易时由被挂靠企业开具发票和确认收入。被挂靠企业向挂靠人支付“代理服务”费用。

例如，A酒店与B企业签订协议，由B挂靠经营A酒店内的餐厅，约定由A酒店承担法律责任和开具发票，由A酒店收取B餐厅收入款项和代付餐厅支出款项，每月末A酒店按盈利额的15%收取费用，余款支付给B餐厅。

客户在餐厅就餐时，餐费由A酒店收取，A酒店向客户开具发票。A酒店与B餐厅结算时，应由B餐厅向A酒店开具“代理服务”的发票，而不能开具品名为“餐饮服务”的发票。

在挂靠经营模式下，营改增对建筑业、交通运输业等行业性质较为特殊的行业来说，被挂靠企业存在较大的涉税风险隐患。

1.2 个方面的风险

- 进项税额不足，税负畸高。
- 增值税实行凭票抵扣，被挂靠企业要想抵扣增值税，就必须取得供应商开具给自己的增值税专用发票。如果被挂靠企业仅仅向挂靠人收取 1% ~ 3% 挂靠管理费，而不严格管理物资采购等环节，11% 的税率下的增值税将让被挂靠企业无法承受。
- 虚开增值税专用发票，以及取得虚开增值税专用发票的风险。被挂靠企业如果不进行全面的管理，仅仅收钱、开票，就很有可能在不知不觉中落入了虚开增值税专用发票的陷阱。同样，仅仅要求挂靠人提供抬头是开给被挂靠企业的增值税专用发票，而不核查业务真实性、开票单位资质，就很有可能收到虚开的增值税专用发票。而一旦与“虚开”有了关系，面临的就不仅仅是罚款、补税，很有可能会受到刑事处罚。

2. 面对挂靠经营的风险，被挂靠企业应当考虑从以下四点入手，强化对挂靠人的全面管理

- 合同签订。挂靠人签订的合同，必须以被挂靠企业名义签订，合同中的关键信息需要特别注意，不能出现挂靠人自己签订合同，否则被挂靠单位将不能抵扣进项税款。因此，挂靠企业需要规范企业各项目的合同，如有必要，需要编制统一采购合同模板。
- 资金流向。资金需要从被挂靠方账户支付给合同中约定的供应商，付款金额要与合同约定的付款一致；如需委托挂靠人等第三方付款，委托付款证明要与合同相应信息一致。
- 物资流向。发货单的材料名称、品种、规格型号、数量、时间要与合同相应信息一致，物资实际耗用量要与项目进度基本保持一致。要确保入库物资与采购合同一致，实现账实相符，避免虚假采购。
- 专票管理。相关发票都要求开给被挂靠企业，开具的增值税专用发票要符合合同约定的物资名称、规格型号、数量、金额等。

10.4 忽视抵扣“时限”将带来不必要的麻烦

企业取得的增值税专用发票应当在开具之日起 180 日内到税务机关办理认证，否则将不能抵扣进项税。发票抵扣的时限对于一般纳税人来说非常重要，原增值税企业都有完善的管理制度，而对于营改增企业来说，沿用营业税时期的思维，往往会造成忽视时限的规定，以致无法抵扣税款。

在实务工作中，一般常见以下 3 种容易忽视时限的情况。

- 采购时，企业采购人员取得供应商开具的增值税专用发票后忘记到财务报账，或者为了积攒一定数量一起报账，结果造成超过抵扣时限而无法抵扣税款。
- 销售时，增值税专用发票已经向客户开具，企业自己的业务人员凭发票找客户划款，由于疏忽、纠纷等原因，造成增值税专用发票在企业自己手中超过了认证期限，客户拒绝接受过期的增值税专用发票。
- 因客户疏忽，取得企业开具的增值税专用发票之后，未及时在期限内认证，而客户不想损失抵扣进项税额，要求企业重新开具。

根据国家税务总局《关于逾期增值税扣税凭证抵扣问题的公告》（公告〔2011〕第 50 号）的规定：对增值税一般纳税人发生真实交易但由于客观原因造成增值税扣税凭证逾期的，经主管税务机关审核、逐级上报，由国家税务总局认证、稽核比对后，对比对相符的增值税扣税凭证，允许纳税人继续抵扣其进项税额。客观原因包括以下几种。

- 因自然灾害、社会突发事件等不可抗力因素造成增值税扣税凭证逾期。
- 增值税扣税凭证被盗、抢，或者因邮寄丢失、误递导致逾期。
- 有关司法、行政机关在办理业务或者检查中，扣押增值税扣税凭证，导致纳税人不能正常履行申报义务，或者因税务机关信息系统、网络故障，未能及时处理纳税人网上认证数据等导致增值税扣税凭证逾期。
- 买卖双方因经济纠纷，未能及时传递增值税扣税凭证，或者因纳税人变更纳税地点，注销旧户和重新办理税务登记的时间过长，导致增值税扣税凭证逾期。
- 由于企业办税人员伤亡、突发危重疾病或者擅自离职，未能办理交接手续，导致增值税扣税凭证逾期。
- 国家税务总局规定的其他情形。

如果企业出现的未在规定期限内认证抵扣属于公告所述的客观原因，则可向其主管税务机关申请抵扣进项税额。但需要注意的是，此项业务的处理级别较高，需报国家税务总局核准。

可见，如果企业由于疏忽导致发票逾期未认证，就不属于公告里所说的客观原因，因此，相关发票不得抵扣，也不得重新开具发票。

需要注意的是，如果取得的增值税专用发票过期而未抵扣，则很有可能会受到主管税务机关检查“失控票”或者“滞留票”。

第 11 章

跟上营改增的变化

自2016年5月1日全面推开营改增正式启动以来，国家税务总局出台的公告、通知的数量平均每月在五六个，由此可见，营改增的政策并非固定不变，而是随着相关工作的不断深入、工作中实际问题的显现而不断调整变化。

11.1 营改增才刚刚开始

截至本书成稿（2016年10月15日），相关政策密集出台，仅国家税务总局官方的相关文件就多达十余万字，加上政策解读、政策宣传、辅导培训资料、各地区的热点疑难问题解答，营改增的官方内容早已超百万字。

然而，这并不意味着营改增已经接近尾声了。据相关报道：财政部表示，“下一步相关部门将启动增值税立法，并在这一过程中继续完善增值税制度，最终通过立法巩固改革成果，确立比较规范的消费型增值税制度。”财政部副部长史耀斌表示，现在增值税率分4个档次，17%、13%、11%、6%，与世界上100多个实行增值税的国家相比，我国是税率档次比较多的国家之一。

较多的税率档次容易存在一定的税收漏洞，也会带来一些税收管理上的复杂性，因为必须区分什么是低税率、什么是高税率等，因此要简并。财政部同时还表示，“将在增值税立法时统筹考虑。”相关权威专家认为“增值税法或将于 2018 年提交全国人大会议审议。”

由此可见，增值税立法将是今后一段时间的“后营改增”时代的重点，相关政策将会向着增值税最终立法的方法调整，因此，营改增的政策还会经历比较大的调整，企业的财务人员、创业企业的老板还要跟上营改增不断变化的步伐，及时掌握最新政策。

11.2 营改增政策包括哪些内容

营改增的税收政策大体可以比照“实体法”和“程序法”来进行理解。“实体法”规定了什么样的情形该交多少税，“程序法”规定了哪些业务该怎么去办理。一般来说，营改增“实体法”由财政部、国家税务总局发文明确规定；“程序法”由国家税务总局规定总体框架，每个省（市）国税局在框架内进行细化。

11.3 有什么途径可以了解最新的政策

理解营改增政策最权威的途径是国家税务总局的网站，相关文件以及政策解读。

办理业务的程序和所需要的资料，可以通过所在省（市、自治区）的官方网站进行查询。

具体业务咨询，可以拨打 12366 热线电话，或直接拨打主管税务机关电话。

在“互联网 +”的大潮之下，国税部门的微博、微信、手机 APP 建立速度和更新速度都非常快，尤其是微信公众号的推送，成为了目前最方便快捷的方式。

11.4 税收争议的处理与法律救济

企业在征纳税过程中与税务机关发生争议或者分歧时，可以依照法律规定申请行政复议，或者向人民法院起诉，提起行政诉讼。如果税务机关和税务人员在征纳税过程中的职权行为侵犯企业或者其他当事人合法权益造成损害的，受害人可以申请行政赔偿。

我国实行的是纳税争议“复议前置制度”。即企业同税务机关在纳税上发生争议寻求法律救济时，应先申请行政复议，对行政复议决定不服的，才能依法向人民法院提起行政诉讼。而且，申请行政复议必须先依照税务机关的纳税决定缴纳或者解缴税款及滞纳金或者提供相应的纳税担保。如果是非纳税方面的争议，如受到主管税务机关的行政处罚，则不适用复议前置制度。

11.4.1 税务行政复议

企业认为税务机关的具体行政行为侵犯其合法权益的，可向税务机关提出行政复议申请，但是只能对税务机关作出的具体行政行为申请行政复议。这里的“具体行政行为”如下所示。

（1）征税行为，包括确认纳税主体、征税对象、征税范围、减税、免税、退税、抵扣税款、适用税率、计税依据、纳税环节、纳税期限、纳税地点和税款征收方式等具体行政行为，征收税款、加收滞纳金，扣缴义务人、受税务机关委托的单位和个人作出的代扣代缴、代收代缴、代征行为等。

（2）行政许可、行政审批行为。

（3）发票管理行为，包括发售、收缴、代开发票等。

（4）税收保全措施、强制执行措施。

（5）行政处罚行为。包括罚款，没收财物和违法所得，停止出口退税权。

（6）不依法履行下列职责的行为。

• 颁发税务登记。
• 开具、出具完税凭证、外出经营活动税收管理证明。
• 行政赔偿。
• 行政奖励。
• 其他不依法履行职责的行为。

（7）资格认定行为。

（8）不依法确认纳税担保行为。

（9）政府信息公开工作中的具体行政行为。

（10）纳税信用等级评定行为。

（11）通知出入境管理机关阻止出境行为。

（12）其他具体行政行为。

在复议决定作出前，对下列行政复议事项，申请人和被申请人可以按照自愿、合法的原则，达成和解，行政复议机关也可以调解：行使自由裁量权作出的具体行政行为，如行政处罚、核定税额、确定应税所得率等；行政赔偿；行政奖励；存在其他合理性问题的具体行政行为。

对各级国税机关作出的具体行政行为不服的，向其上一级国税机关申请行政复议。对税务所、各级税务局的稽查局作出的具体行政行为不服的，向其主管税务局申请行政复议。

11.4.2 税务行政诉讼

企业同税务机关在纳税上如发生争议，必须先申请行政复议，对行政复议决定不服的，才能依法向人民法院起诉。对税务机关的处罚决定、强制执行措施、税收保全措施或者其他具体行政行为不服的，可以直接向人民法院起诉。

需要注意的是，诉讼期间，税务机关作出的具体行政行为不停止执行。除非作为被告的税务机关认为需要停止执行；或者原告申请停止执行，人民法院认为该具体行政行为的执行会造成难以弥补的损失，并且停止执行不损害社会公共利益的，裁定停止执行。

11.4.3 税务行政赔偿

企业或者其他当事人，因税务机关和税务人员的职权行为，致其人身权或者财产权受到侵犯并造成损害的，可以依法取得税务行政赔偿。需要注意的是，必须是“职权行为”才能申请，如果是因税务人员的个人行为，国家不承担赔偿责任。

税务行政赔偿请求人请求国家赔偿的时效为 2 年，自其知道或者应当知道税务机关及其工作人员行使职权行为侵犯其人身权、财产权之日起计算。